目录

序 001

概述 001

第 1 窟 · 弥勒菩萨交脚坐 国王骑从城外过 005

第 2 窟 · 未来佛陀迎客海 寒泉流觞众贤来 008

第 3 窟 · 兜率形影矩形殿 弥勒阁楼广无限 010

第 4 窟 · 晚期洞窟时不忘 铭记刻书曰正光 014

第 5 窟 · 穹隆广博佛陀颂 庄严法相禅定中 016

第 6 窟 · 连环画面成佛路 宏伟浮屠涅槃赋 020

第 7 窟 · 兜率宫弥勒决疑 六美人护法争奇 046

第 8 窟 · 摩醯鸠摩护法门 笑靥皓齿传永恒 054

第 9 窟 · 天地动晱子孝亲 阁楼美列柱金楹 061

第 10 窟 · 二龙收复阿修罗 外道降服和平多 076

第 11 窟 · 塔龛多姿供养众 五十四人宣誓忠 092

第12窟·迦陵频伽绝妙音 佛宫交响有天籁 099

第13窟·交脚菩萨天然痣 令如帝身皇权敕 107

第14窟·香风香饭众香国 大乘大士共大同 118

第15窟·千人千佛千秋赞 万民万善万代传 125

第16窟·昙曜五窟是为首 帝王英俊佛影古 130

第17窟·舍利幻化摩尼珠 刻铭求得疾患除 143

第18窟·尊像袈裟化千佛 迦叶外貌是佛陀 154

第19窟·迦毗罗卫迎佛陀 释迦摸顶罗睺罗 161

第20窟·露天大佛白佛爷 大众集聚颂和谐 171

第21窟·平城石窟变化多 佛像菩萨秀婆娑 178

第22窟·洞窟顶部望天空 二佛永远坐其中 180

第23窟·佛光直上重霄九 佛域天宫永不朽 182

第24窟·法华永驻二佛陀 团莲依依紧那罗 184

第25窟·龛楣天人璎珞华 二龙缠绕护佛法 187

第26窟·二佛弥勒小洞窟 三世诸佛大世界 191

第27窟·方形石窟有乐天 弥勒信仰无际边 193

第28窟·人马情深别离难 留得铭记龛楣端 195

第29窟·弥勒端坐大莲阶 佛陀受土小儿叠 198

第30窟·飞天乐伎演梵呗 帷幕兽面护法来 200

第31窟·多门窗形式整齐 洞中洞特别神秘 203

第32窟·七佛像并立窟口 石莲花开放净土 207

第33窟·胡貌弟子展颜笑 倚坐佛陀现龛楣 211

第34窟·紧那罗优雅飞翔 佛陀父子相对望 214

第35窟·龛楣双隅有故事 山中神兽四五只 216

第36窟·窟小顶高形制奇 上下龛像最适宜 222

第37窟·天宫飞象送太子 城门内外有大事 225

第38窟·鹜怖阿难佛陀抚 天降神律音乐树 229

第39窟·西方浮屠颂涅槃 中华阁楼载华澜 236

第 40 窟·佛陀不畏崖壁残 交脚菩萨磐石般 240

第 41 窟·佛陀事迹分层布 方龛帷幕挂流苏 242

第 42 窟·窟残像微形多舛 二佛无畏震宇寰 245

第 43 窟·洞窟风化难分辨 佛陀菩萨隐约现 246

第 44 窟·石像漫漶龛难辨 慈善墨书抒己见 247

第 45 窟·末端云冈窟龛寥 二佛并坐不能少 248

附属景观

古今联袂颂云冈 249

云冈石窟图像学家

王 恒

云冈石窟图像学家

张海雁

博 | 览 | 云 | 冈

序

公元5世纪是西来佛教流布中华的重要时期。先由鸠摩罗什在姚秦（后秦）长安重译佛经，使大乘佛学昌明于天下；后经东晋建康、北凉姑臧两大佛教中心的弘扬，令华夏佛学体系大备、沙门佛事弥增。439年，北魏太武帝平定凉州，结束了中国北方五胡十六国分裂的时代；随后平定西域，直接导引了文化交流的新高潮。北魏都城平城跃升为东方佛教中心，云冈石窟应运而生。

作为新疆以东最早出现的大型石窟群，云冈石窟的壮丽与辉煌，凝聚了东西方人类的智慧，集中体现了佛教千年发展的实践经验与理论高度，成为北朝乃至隋唐石窟寺建设的样板，对中华佛教建筑、雕刻艺术产生了深远的影响。

20世纪初，一位名叫伊东忠太的日本工学博士，偶然走进了尘封、寂静的云冈石佛寺，立刻被其卓越的艺术形式和伟大的建筑构造所震撼，随即于1902年和1906年三次发表文章，惊叹云冈石窟之壮观，讨论云冈石窟艺术之源流，引发了世界学术界的关注。1907年，法国汉学家沙畹来到云冈石窟，最早拍摄、发表了云冈石窟的照片和文章。从此，中外学者和美术家纷至沓来，云冈石窟研究成为世界性的课题。

民国时期的云冈石窟研究，主要在中日学者间进行。大村西崖、塚本靖、关野贞、常盘大定、小野玄妙等日本学者,主要探讨的是云冈石窟的建筑特征和艺术源流;中国学者陈垣、梁思成、林徽因、刘敦桢、周一良、戴蕃豫等,则重在解析云冈石窟的历史与建筑,介绍国外学者的研究成果。日本侵华期间,以水野清一、长广敏雄为首的京都大学调查队,对云冈石窟进行了长达七年的调查,于20世纪50年代陆续出版了16卷32本《云冈石窟》,成为世界石窟寺研究领域中第一部大型考古学报告。

中华人民共和国成立后,宿白教授带领北京大学师生,从历史学与考古学角度,对云冈石窟的历史和艺术进行了全方位探讨,取得了突破性进展,基本厘清了云冈石窟的历史沿革和分期脉络。世纪之交,云冈石窟研究院(以下简称研究院)的学术力量逐步形成,陆续解决了历史上遗留的诸多疑问,深化了对云冈石窟宗教、建筑、艺术等方面的认识。特别是近年来,研究院与青岛出版社倾力出版的20卷本《云冈石窟全集》,这标志着云冈学走向成熟。

今天摆在我们面前的《博览云冈》一书,实际上是《云冈石窟全集》的副产品或宣传册。作者王恒、张海雁都是"老云冈",守护佛窟三四十年。与云冈石窟艺术为伴,是他们生活中的重要内容;将云冈石窟研究进程视为自己的生活节奏,也是他们不曾动摇的信念。前不久,看到他们送来的书稿,我很是感动。尽管只是一本介绍云冈石窟的宣传册,但凝结着他们多年来拍摄与研究云冈石窟的心血、心得,是一部集云冈石窟最新研究成果和最美照片于一体的创新之作。图文并茂、雅俗共赏的背后,反映出的是"云冈人"的社会与历史责任感。

包括我在内的今日"云冈人"，既是云冈石窟文化的探索者，也是云冈石窟文化的传播者。命运眷顾，我有幸研读历史，更有幸于云冈石窟研究百年之际在研究院供职。撰写《云冈石窟编年史》和主编《云冈石窟全集》的过程，就是不断探究云冈石窟文化的过程，也是深入认识云冈石窟同仁的过程。我与云冈石窟同仁同顶一片天，共食一锅饭，朝夕相处，合谋发展。这种特定的工作环境，相通的思维状态，使或年长或年少的"云冈人"之间，建立起以石佛情感为纽带的友谊。就我与王恒、海雁的关系来说，既是同事，也是弟兄。他们工作勤奋，做事认真，不言苦、不叫累，孜孜以求，大有为云冈石窟学术拼搏此生的豪情。正是相同的志向，将我们紧密地团结在一起。毫无疑问，以他们各自优势和多年积累合作所著的这本《博览云冈》，定会在云冈石窟艺术的传播中起到重要作用。

因此为序。

云冈石窟研究院院长 张焯

2017年9月24日

概述

云冈石窟位于山西省大同市以西约16千米的武州山南麓，古称武州山石窟寺。石窟前，武州川水（今十里河）由西向东缓缓流过。北魏著名地理学家、文学家郦道元在《水经注》中写道："武州川水又东南流，水侧有石祗洹舍并诸窟室，比丘尼所居也。其水又东转，迳灵岩南，凿石开山，因岩结构，真容巨壮，世法所希。山堂水殿，烟寺相望，林渊锦镜，缀目新眺。"描述的正是北魏时武州川水流经云冈石窟的情景。

云冈石窟依山开凿，规模浩大，自东至西1000多米，现存主要洞窟45个，大小编号洞窟254个，各类佛教人物造像59000余尊（身）。

史书记载和考古成果说明，云冈石窟开凿于公元5至6世纪的北魏时期，距今已有1500多年的历史，是中国第一座开凿于都城附近的皇家佛教石窟寺院，也是中国早期石窟艺术的代表作品。云冈石窟艺术以规模宏大、题材多样、雕刻精美、内涵丰富而驰名中外；以典型的皇家风格造像而异于其他早期石窟；以融汇东西、贯通南北的鲜明的民族化进程为特色,在中国石窟艺术中独树一帜。云冈石窟以大量的实物形象和珍贵的文字史料,从不同侧面展示了公元5世纪中叶至6世纪初中国石窟艺术风格及中国北方地区宗教信仰的发展变化,对中国石窟艺术的创新与发展有着重大贡献,具有其他早期石窟不可替代的历史、艺术和鉴赏价值。1961年,云冈石窟被国务院公布为第一批全国重点文物保护单位。2001年,云冈石窟被联合国教科文组织世界遗产委员会批准列入世界遗产名录。

公元4世纪末期,控制了黄河流域以北大部分地区的鲜卑族拓跋氏建立了北魏王朝。从道武帝拓跋珪于天兴元年(398)由盛乐(今内蒙古和林格尔一带)迁都平城(今山西省大同市),到孝文帝拓跋宏于太和十八年(494)迁都洛阳,大同作为北魏政权的中心近百年之久。云冈石窟就是在北魏王朝最繁荣的时期(460—524)开凿的。

北魏皇帝崇佛是云冈石窟开凿的重要条件。文献记载,鲜卑族拓跋部在中国北方一带开始活动时,还未信仰佛教,到建立政权,接触中原地区的多重文化后,才开始注意到佛教。道武帝"好黄老,览佛经",他在征服各族的战争中,"见诸沙门、道士,皆致精敬,令军旅无所犯"。天兴元年又下诏在京城建立五级浮

云冈石窟群全景

屠，建耆阇崛山殿、须弥山殿及讲堂、禅堂等。明元帝时，"又崇佛法，京邑四方，建立图像，仍令沙门，敷导民俗"。太武帝于太延五年（439）灭北凉，"太延中，凉州平，徙其国人于京邑，沙门佛事皆俱东，象教弥增矣"。这是北魏佛教史上具有重要意义的大事。至此，素称发达的凉州佛教东传，北魏佛教迎来了兴盛期。但由于太武帝晚年近信于儒士崔浩和道士寇谦之，北魏开始崇道排佛。太平真君七年（446），太武帝下诏毁灭佛法，"土木宫塔，声教所及，莫不毕毁"。这是中国历史上第一次"坑沙门，毁诸佛像"的废佛事件。然而，文成帝即位后，立即下诏复法，佛教以更大的势头发展起来，其直接结果便是云冈石窟的大规模营造。

《魏书·释老志》记载："太安初，有师子国胡沙门邪奢遗多、浮陀难提等五人，奉佛像三，到京都。皆云，备历西域诸国，见佛影迹及肉髻，外国诸王相承，咸遣工匠，摹写其容，莫能及难提所造者，去十余步，视之炳然，转近转微。又沙勒胡沙门，赴京师致佛钵并画像迹。"可见，平城作为当时中国北方的政治、宗教和文化中心，吸引了全国的优秀艺术工匠。太武帝灭北凉后，将凉州僧徒3000人，宗族、吏民30000户迁到平城，其中不乏

长于造像的工艺匠师和著名高僧。这为云冈石窟的营造创造了良好的人力条件。

《魏书·释老志》载："和平初，师贤卒。昙曜代之，更名沙门统。初昙曜以复佛法之明年，自中山被命赴京，值帝出，见于路，御马前衔曜衣，时以为马识善人。帝后奉以师礼。昙曜白帝，于京城西武州塞，凿山石壁，开窟五所，镌建佛像各一。高者七十尺，次六十尺，雕饰奇伟，冠于一世。"至此，北魏皇室以其国力为保证，开始了云冈石窟的大规模营造，直到孝文帝迁都洛阳才停止，但中小型的营造工程一直持续到孝明帝正光五年（524）。石窟中雕刻的佛、菩萨、护法、供养人等各类人物及其组合形式，龙、鸟、莲花、忍冬等各类动植物装饰图案，洞窟形制、龛式、壁面布局等建筑形式，均体现了佛教及其艺术发展中最辉煌时代的特征。

北魏以后的多个朝代都曾对云冈石窟进行过开凿与完善。《大金西京武州山重修大石窟寺碑》载："唐贞观十五年守臣重建。"《古清凉传》记载，俨禅师"每在恒安修理孝文石窟故像"。辽代也对云冈石窟进行过大规模的修整，在洞窟前与崖面相接处兴建了大型木结构窟檐，这些建筑虽然在辽末毁于兵火，但我们今天仍可在洞窟崖壁上方看到当时安置木梁的洞孔。辽以后的金、元、明、清都对云冈石窟进行过不同程度的修整。

中华人民共和国成立后，云冈石窟得到进一步有效保护。1974年至1976年的"三年工程"、1990年至1994年的"八五工程"、2012年至2014年的"五华洞加盖窟檐工程"等重大石窟保护工程，在石窟加固、防水、保护和修复等方面取得了显著成果，提高了云冈石窟的稳定性。

今天，云冈石窟已成为中国乃至世界各国人民参观、考察和学习的重要人文景观之一。

第 1 窟

弥勒菩萨交脚坐 国王骑从城外过

第1窟位于石窟群最东端,与第2窟共同组成"双窟"(图1-1)。

洞窟平面呈长方形,塔柱位于窟内中央(图1-2),分为上下两层,下层四面开龛。上层四面均开盝形龛,上为方形华盖。塔顶塑造须弥山,并与窟顶相连,四周绕有交龙。

洞窟北壁为三间式盝形龛,明间雕交脚弥勒;两梢间为思惟菩萨,是弥勒在兜率天内院为一生补处菩萨时的决疑状态。

洞窟东壁下层雕"睒子本生"图像,现仅存两幅,北起第一幅为"国王入山田猎"。第二幅画面由左上角向右下边框雕刻了两条曲线,表示河流,河流左侧雕刻了弯腰的睒子,这是对"二

图1-1
第1、2窟外景

图1-2
第1窟窟内景象

图1-3
第1窟南壁正面

图1-4
第1窟窟门顶部
二龙缠绕

亲时渴,睒行汲水"的刻画。睒子旁边可见一风化严重只有轮廓的麋鹿,河流右侧山峦中,身边簇拥众侍从的国王正骑马张弓向对岸睒子的方向射箭,即为"国王误射睒子"。

洞窟南壁以明窗、窟门为中心,两侧布置龛像(图1-3)。其中东侧屋形龛内雕维摩诘像,西侧屋形龛内是佛弟子舍利弗与螺髻梵王讨论问题的画面。

窟门顶部雕刻交龙,即二龙缠绕图案,虽然仅存北侧部分,但形象生动、特色鲜明(图1-4)。二龙形象为长角尖耳,浓眉短鼻,鳄吻獠牙,兽爪虎尾,三趾,一爪上举,一爪后蹬,曲颈昂头,躯体向两侧伸开,鳞纹清晰,其间缀以叶状云气纹。二龙上身交绕,头部相对,含尾朝向窟内;东侧的龙形有山羊须,颈有菱形纹,形体略大于西侧的龙形,应为雄性龙形。

第2窟 未来佛陀迎客海 寒泉流觞众贤来

第2窟（图2-1）与第1窟组成双窟，著名的云冈石窟寒泉，就出自第2窟。该泉由窟内北壁的山体中流出，后引出窟外，泉旁有"曲水流觞"石雕。洞窟中心塔柱分三层，底层四面开龛。

洞窟北壁为三间式造像龛，由于壁面严重风化，明间佛像仅存头部和胸部轮廓，两侧梢间的胁侍菩萨也仅存上半身的头、胸部轮廓。据分析，主像应为交脚佛，与第1窟交脚菩萨相对应。

洞窟东壁下层雕刻了释迦牟尼成就佛道的佛传故事,现仅存北端的一幅。画面中左侧三个立杆各支撑一个六角形鼓,鼓下侧有飘带,鼓上侧为伞盖。右侧三个着菩萨装的人物均弓腿,两手臂做满弓射箭状,是为"箭射铁鼓"。

由于第 2 窟东壁与第 1 窟西壁为间墙,故而少受水蚀风化,两面的雕刻均保存较好。第 2 窟东壁北侧中层第二龛内的佛像虽有毁坏,但依然保存了较好的面貌,看上去清秀慈祥、富有活力,是第 1、2 窟内保存最好的佛像。东壁南侧上层的千佛列像与天宫乐伎列龛及后世的施彩保存较为完整,龛像富丽,装饰意味浓厚(图 2-2)。

第 1、2 双窟外壁上部,有"山水有清音"与"云深处"双勾刻字。"山水有清音"语出西晋文学家左思《招隐诗》。"云深处"题记位于第 2 窟明窗西侧。从可辨识的文字理解,内容大概是讲此地环境优美,有瑞应之象,并兴建佛寺的事情。

图 2-1
第 2 窟内景

图 2-2
第 2 窟东壁南侧上层

第 3 窟
兜率形影矩形殿 弥勒阁楼广无限

第 3 窟位于石窟群东区西侧，洞窟外形高大平展、雄伟壮观（图 3-1）。洞窟外壁崖高约 25 米，开窟面阔约 50 米，有"灵岩寺"之称。

第 3 窟是前后室结构，后室高大空旷，前室较低矮，向外探出，屋顶在崖前形成一个巨大的平台，平台东西两端各矗立一座四面开龛造像的方形三层塔。虽风化严重，但其中国传统建筑形式的层次结构依稀可辨（图 3-2）。

第 3 窟外平台上所有造像均雕凿于北魏时期。平台中央紧靠崖壁凸出一矩形洞窟，窟内北壁正面为盝形帷幕龛，内置交脚弥勒菩萨（图 3-3），由此洞窟被称为"弥勒洞"。其两侧底层雕

图 3-1
第 3 窟外景

图 3-2
第 3 窟外平台上的三层塔

图 3-3
第 3 窟平台上矩形洞窟内的弥勒菩萨

刻的合十立姿人物造像，应是善财童子。此设置与《华严经》叙述的"弥勒阁楼"相吻合，表现了善财童子来到弥勒阁楼求见弥勒的场景。

高大的后室（图 3-4）西端现存"西方三圣"造像，为初唐时的工匠在北魏所开洞窟内雕凿的作品，是云冈石窟唯一的唐代大型石雕造像。主像阿弥陀佛（无量寿佛）呈倚坐式，高约 10 米，两侧为观世音和大势至菩萨（图 3-5、图 3-6）。这三尊造像面部圆润，立体感很强。菩萨头戴高宝冠，上额、两鬓露出的头发绺绺分明，衣着贴体，袒露胸部，肩披络腋，为平直阶梯式衣纹。

在空旷的洞窟内，我们看到了巨大的凹凸不平的风化石壁和

图 3-4
第 3 窟后室内景

地面凿痕。显然，这个云冈石窟最大的洞窟是一个没有完成的洞窟。这些遗迹为研究云冈石窟的开凿方法提供了重要依据。

图 3-5
第 3 窟后室右侧胁侍菩萨

图 3-6
第 3 窟后室左侧胁侍菩萨

第4窟

晚期洞窟时不忘 铭记刻书曰正光

第4窟位于第3窟西侧，在向南凸出的山包中（图4-1）。东侧为主窟，西侧的敞口洞窟为其附属洞窟第4-1窟。该窟是平面呈方形、置中心塔柱的塔庙窟。东、西两个明窗的设置，使窟门和明窗呈倒"品"字形。窟门处地面低于窟内地面约1.5米，东西两侧设阶梯供游客进入窟内，这说明本窟亦没有完工。窟内四壁风化严重，东、西、南三壁雕有一佛二菩萨、千佛像单元及零散小龛，并有一些未完工的造像龛。窟顶风化严重，东部可见残存团莲和飞天。此窟中心塔柱平面呈长方形，南北向，长约3.3米，宽约1.9米，四面均雕一

立佛二菩萨（图4-2）。南壁有100余字的北魏正光年间（520—524）题为《为亡夫侍中造像记》的铭记和50余字的元代延祐年间（1314—1320）游记。这些石刻文字均风化严重，内容已很难识别。21世纪初，考古人员在第5-40窟发现了一处北魏正光元年的题铭，位于北壁龛下：

正光元年■■｜廿日邑■■｜神龙□■■｜张乐■■■｜等发■■■｜释迦■■■｜像一■ ①

北魏正光元年为公元520年。该题铭是继发现第4窟北魏正光年间铭记之后，又发现的一处同时期铭记，是现存能够证明云冈石窟北魏造像最晚时间的石刻文字。

① ■为缺文字，｜为断行。

图4-1
第4窟外景

图4-2
第4窟中心塔柱北面

第5窟 穹隆广博佛陀颂 庄严法相禅定中

第5窟和第6窟虽形制不同，但外壁、前室、洞窟规模和造像风格等方面的一致性，使其成为云冈石窟唯一一组形制不同的双窟。两窟前现存的两座五间四层木结构阁楼，是清代顺治八年（1651）修建的（图5-1）。

洞窟平面呈马蹄形，穹隆顶，围绕三尊大像布局设计，造像宏伟、龛形多样（图5-2）。北壁中央主佛像高达17米，是云冈石窟最高大的佛像（图5-3）。此坐佛的包泥施彩为后世所为，是目前云冈石窟发现的包泥施彩造像中，艺术水平较高的一例。

东西两壁各有一尊高约八米的立佛像，佛像肉髻高耸，面相饱满，鼻梁直挺，双耳垂肩，嘴角微微上翘，眉间有白毫，褒衣博带，左手自然下垂，右手举于胸前结施无畏印，是北魏云冈石窟中期的代表性作品（图5-4）。

南壁窟门与明窗间横列两排龛像，上排为八个圆拱龛，下排为八个盝形帷幕龛，龛内均置结施无畏印的坐佛像，整齐有

图 5-1
第5、6窟外壁阁楼

图 5-2
第5窟主像及其南壁和西壁

图 5-3
第5窟主佛像

序、威严肃穆。在南壁上层东西两侧，有高浮雕大象驮负着雕在须弥座上的五层瓦顶出檐佛塔，设计巧妙、雕刻精美，是云冈石窟佛塔雕刻中的精品，也是中国传统建筑艺术与印度佛教艺术相结合的典范。

这里要特别介绍的是一尊位于西壁上层北侧的着菩萨装的交脚坐佛像，佛像肉髻高耸，面部饱满，身姿挺拔，帔帛交叉于胸前，两端绕过双臂垂于身体两侧，下身着长裙，交脚坐于狮子座上。佛像左手抚左膝，结降魔印，右手于右胸前，结施无畏印。云冈石窟虽然有不少弥勒佛像的雕刻，但着菩萨装的弥勒佛只此一例。此尊佛像把北魏弥勒信仰表现得更加贴近现实了：大众急切盼望在兜率天内院为一生补处菩萨的弥勒早日降世救人，弥勒似知晓人们的企盼，决疑后就要成佛普度众生。时间紧迫，显然弥勒是来不及换装就来到世间了。

第5窟窟门东西两壁上层各雕刻了一幅二佛对称端坐于大树下的图像（图5-5）。与云冈石窟大量出现的多宝、释迦二佛并坐不同，这里塑造了一对践行《涅槃经·圣行品》之律，在树下坐禅修行的佛像：身着袒右肩袈裟、呈禅定手印的两身佛陀，并排端坐于枝叶茂盛、树冠巨大的无忧树下。这显然是工匠们用心刻画的一处静修禅法的场景。

第5窟的附属洞窟第5-11窟位于主洞明窗西侧第一层，窟内东、西、北三壁各开大龛，北壁坐佛褒衣博带，衣裳繁缛，下垂至地面，面容虽然毁坏，但整体形象挺拔潇洒（图5-6）。窟内还有两处雕刻值得一提：一是窟顶平棋格内演奏埙、笙、篥、排箫、横笛、毛员鼓、羯鼓的八个飞天乐伎（图5-7），他们身材修长，飘带翻飞，是云冈石窟乐伎雕刻的精品之一。二是南壁窟门两侧对称雕刻的"逾城出家"和"乘象投胎"的故事画面，这两则故事，不仅在释迦成道的历程中具有里程碑意义，在艺术布局中也体现了对称中有变化的图像设计思想。

第5-12窟位于主窟明窗东侧第二层，严格地说，这是一个雕凿在外壁的佛龛。此龛的佛像头高0.45米，肉髻高耸，长眉细目，鼻梁高直，鼻翼分明，

嘴角上翘，身体前倾，目光低垂，似蕴藏着智慧与宽容。

第5-16窟至第5-30窟被称为龙王庙沟石窟群，坐西向东，均系云冈石窟晚期开凿，多为雕刻造像较少、风化坍塌严重或没有完成的小型洞窟，但也留下了一些在石窟形制、造像题材及风格上具有独特意义的洞窟龛像。

图 5-4
第5窟西壁立佛

图 5-5
第5窟窟门东壁上层树下二佛禅坐

图 5-6
第5-11窟北壁主像

图 5-7
第5-11窟窟顶

第6窟
连环画面成佛路 宏伟浮屠涅槃赋

第6窟是云冈石窟中设计最精细、雕刻最华丽、内容最丰富、保存造像最多的洞窟,由于洞窟中心置塔柱,亦称"塔庙窟"(图6-1)。这种来源于印度的洞窟形制在云冈石窟第6窟发生了变化,洞窟中的塔由圆形变为方形,位置亦由洞窟后方移至洞窟中心,故该洞窟也称"中心塔柱洞窟"(图6-2)。高达15米的中心塔柱分上下两层。上层四面各雕佛像,均褒衣

图 6-1
第 6 窟中心塔柱

图 6-2
第 6 窟中心塔柱东侧通道

博带，气宇轩昂（图6-3），人们统称他们为"四方佛"；四角各雕大象驮负方形九层塔，层层出檐；倚立于四角塔下的八大胁侍菩萨，个个面带微笑，姿态大方潇洒（图6-4）。下层四面开出装饰华丽典雅的大型双重造像龛，豪华别致，龛龛不同：南面雕结跏趺坐释迦牟尼，西面置倚坐弥勒佛，北面有释迦、多宝二佛并坐，东面为交脚弥勒菩萨（图6-5）。

北壁下层置一平台，高出地面约1.2米，以两根千佛柱支撑。平台上为宽约13.8米，高约7米的大型佛像龛，内置三佛像，形体高大。虽然风化严重，但其风貌犹在（图6-6）。

窟内四壁上层除明窗外，长约49.5米，高约3.8米，其上宝盖龛下塑造了11尊立佛像，均褒衣博带，每尊佛像由二胁侍菩萨及众供养菩萨和其他供养天众簇拥，场面热烈而庄严。这是云冈石窟整体面积最大，并覆盖洞窟四壁的壮丽画卷（图6-7）。

图6-3
第6窟中心塔柱
上层

图6-4
第6窟中心塔柱
胁侍菩萨

图6-5
第6窟中心塔柱
东面下层交脚菩萨

图6-6
第6窟北壁下层
盝形大龛

第6窟最引人入胜的是雕刻于塔柱下层大龛两侧和洞窟四壁的佛传故事画面,展示了释迦牟尼从诞生到成佛的经历。现存浮雕佛传故事画面40余幅,是北魏时期石窟寺佛本行故事雕刻中的珍品。

"降神选择"是佛传故事的开端,位于塔柱东面佛像龛南侧内面(图6-8)。公元前6世纪时,迦毗罗卫国净饭王娶拘利国善觉王之妹摩诃摩耶为王后,王后40多岁时生下了释迦牟尼,此时净饭王也已50多岁。佛经说释迦牟尼的前身善慧菩萨在兜率天内院为一生补处菩萨,"为诸众生随应说法。期运将至,当下作佛,现五种瑞",并观五事:一是观察众生的因缘是否成熟,二是观察时机是否快到了,三是观察哪一方国土最为殊胜,四是观察什么种族最为尊贵,五是观察谁可以当父母。

于是,这里就塑造了一幅歌颂净饭王夫妇"具足清净,性行

仁贤,聪明智慧,夫妻真正,堪为父母",名曰"降神选择"的画面:摩耶夫人手持宝珠,立于一边,宝珠上下雕刻布施物品,另一边上下二人是接受布施之人。此画面中人形摩尼宝珠的出现,象征释迦牟尼即将在此降生以及净饭王夫妇乐善好施的仁慈博爱。此画面寓意善慧菩萨投胎前观察世间并将做出选择。

"占梦"位于塔柱东面佛像龛南侧外面(图6-9)。屋檐下,着菩萨装的净饭王夫妇并坐,净饭王一手拈花,一手弯曲前伸,摩耶夫人合掌持物。他们正在请相师解析梦境。站立的人应是相师,其上方雕刻飞天和佛弟子。

在摩耶夫人"梦象怀胎"的同时,净饭王看到夫人面貌异常,

图 6-7
第6窟西壁上层立佛群

图 6-8
第6窟中心塔柱下层东面佛像龛南侧内面"降神选择"

图 6-9
第6窟中心塔柱东面佛像龛南侧外面"占梦"

瑞相怒放，便让摩耶夫人讲述梦境。于是摩耶夫人说其所见瑞相，正如《过去现在因果经》中所载："见有乘白象，皎净如日月；释梵诸天众，皆悉执宝幢；烧香散天花，并作众伎乐；充满虚空中，围绕而来下；来入我右胁，犹如处琉璃；今以现大王，此为何瑞相？"净饭王夫妇遂请相师占梦。相师听得夫人之梦，即刻说道："恭喜大王，夫人有孕了！夫人所生的孩子，日后必将成为世人所尊崇的圣人，他的降生会光耀释迦种族。"

"树神现身"雕刻于塔柱南面下层佛像龛东侧内外两面（图6-10）。据说释迦牟尼即将出世之时，即现

"瑞应三十有二"，《普曜经》卷二记载："佛语比丘，满十月已，菩萨临产之时，先现瑞应三十有二……三十二者一切树神半身人现……""树神现身"画面中，坐于繁茂大树下的树神，头发竖起，眼大眉长，鼻尖，身上除披帔帛外，无其他衣服。这里仅以"树神现身"代表三十二种瑞应。

"礼贺母胎"位于塔柱南面西侧的内外两面（图6-11）。摩

耶夫人怀胎后，迦毗罗卫国及远近各国男女老少都满心欢喜，前来供养。怀胎后的摩耶夫人具备非凡的能力，患病的人前来，她只需用手抚摸其头部，病患即除。此处外面雕刻的屋檐下，着菩萨装的净饭王夫妇并坐，一人手持莲，一人手托腮；内面雕刻四身供养天人，合掌半跪，礼贺摩耶夫人怀胎。

"树下诞生"位于塔柱西面佛龛南侧外面（图6-12）。画面中，一棵枝繁叶茂的菩提树下雕刻了五个人物，着菩萨装的摩耶夫人左手抚肚，右手向上抓着树枝，右胁生出有舟形背光的小太子；其右侧胡跪状的人物正欲以双手接住太子。

"莲花七步"位于塔柱西面佛龛南侧内面（图6-13）。佛传故事中，太子出生后，向四方各行七步，步步生莲，并一手指天，一手指地，大声说："天上天下，唯我独尊。"画面上出生不久的太子，左手下垂，右手举于胸，身后有舟形背光，头顶上雕刻华盖，其右侧上下雕刻持义觜笛和曲颈琵琶的供养乐伎。

图6-10
第6窟中心塔柱南面下层佛像龛东侧"树神现身"

图6-11
第6窟中心塔柱南面西侧"礼贺母胎"

图6-12
第6窟塔柱西面佛龛南侧外面"树下诞生"

"九龙灌顶"位于塔柱西面佛龛北侧内面（图6-14）。诸天护法都来守卫太子，龙王兄弟口吐泉水为太子沐浴。这一内容与"七步莲花"在经文表述上紧密相联。

经文中说为太子沐浴者，是难陀与优波难陀两大龙王，二龙王吐清净水并且一温一凉。印度早期艺术或是犍陀罗艺术中所表现的太子灌顶图，多是二神持钵由上而下出两股水。在佛经的翻译表现出强烈的中国化倾向后，"九龙灌顶"才开始出现。

"骑象入城"位于中心塔柱西面佛龛北侧外面（图6-15）。画面中心，净饭王着菩萨装，双手抱着有舟形身光的太子，坐于装饰华丽的大象背上，前有持义觜笛和曲颈琵琶的伎乐天奏乐，后有供养天人手持伞盖服侍。画面中虽人物较少，却反映了净饭王愉悦的心情和欢乐的场面。

"阿私陀占相"位于中心塔柱北面佛龛西侧外面（图6-16）。太子的出生及其"相好严盛"的奇特瑞象，受到大众的赞叹。净饭王请诸婆罗门为太子占相。阿私陀仙人通过神通力来到王宫，见太子容

貌出众,有三十二相、八十种好,说太子为圣人降世,将来必成佛道。画面中雕瓦垄式屋顶,右侧是舒相坐于束帛座上瘦骨嶙峋的阿私陀仙人,他双手将太子举于面前,正仰头观察太子容貌。左侧跪于阿私陀面前且双手合十者,应是净饭王和摩耶夫人。

"姨母养育"位于塔柱北面佛龛西侧内面(图6-17)。传

图 6-13
第6窟中心塔柱西面佛龛南侧内面"莲花七步"

图 6-14
第6窟中心塔柱西面佛龛北侧内面"九龙灌顶"

图 6-15
第6窟中心塔柱西面佛龛北侧外面"骑象入城"

图 6-16
第6窟中心塔柱北面佛龛西侧外面"阿私陀占相"

说太子诞生七天后,母亲摩耶夫人就去世了,太子由摩耶夫人的妹妹摩诃波阇波提抚养,后来摩诃波阇波提成为净饭王的夫人。画面中雕瓦垄式屋顶,屋顶下有三个人物,因头部均风化坍塌,推测中间盘左腿而坐的应是姨母摩诃波阇波提,其右侧胡跪合掌的应是太子,摩诃波阇波提身后是供养者。画面通过姨母教诲太子的情景,表现了"姨母养育"的故事内容。

"太子在三时殿"位于塔柱北面佛龛东侧内面(图6-18)。《过去现在因果经》以大量篇幅叙述了净饭王为培养太子,不惜一切在太子生活起居、知识教育等方面做出的巨大努力,并为太子建起"三时殿"和"大学堂"。画面中,太子头顶高髻,着菩萨装,右手托一圆形物站立于有栏杆的阶梯上,其身后是屋脊带鸱吻的瓦垄顶房子,即四季如春的"三时殿"。

"太子骑象"位于塔柱

北面佛龛东侧外面（图6-19）。着菩萨装的人物骑象的画面在云冈石窟较为多见。这幅菩萨骑象，反映的是太子骑象出游。

"父母教诲"位于塔柱东面佛龛北侧外面（图6-20）。画面中的房屋雕有双鸱吻的瓦垄式屋顶，坐于榻上的二人为净饭王夫妇，合掌胡跪状人物为太子，其身后为侍者。夫妇二人面对太子，似正在安抚教导，太子毕恭毕敬，洗耳恭听。画面似表现了太子学业有成，父母心满意足的情景。

图6-17
第6窟中心塔柱北面佛龛西侧内面"姨母养育"

图6-18
第6窟中心塔柱北面佛龛东侧内面"太子在三时殿"

图6-19
第6窟中心塔柱北面佛龛东侧外面"太子骑象"

"太子在大学堂"位于塔柱东面佛龛北侧内面（图6-21）。此画面与"太子在三时殿"的内容和布局均相同，太子身着菩萨装，站在宫殿台阶上，表示正在接受全面的教育。

"箭射铁鼓"位于东壁下层北起第一幅画面（图6-22）。太子与同族兄弟比赛射术，一箭射穿七面铁鼓。佛经记载，太子与本族中的五百童子皆亦同年，大家长至十岁时，个个体力强健，欲与太子较量。净饭王请来国中"善知射者"，教太子射艺。而太子无师自通，在后园一箭射穿七个铁鼓。净饭王为使四方人民知晓太子的高超射艺，令太子及其兄弟提婆达多等五百人七天后出城比试武艺。

三个着菩萨装拉弓射箭的人物占据了大部分画面，他们弓腿提臀，似将全身力量集中于弓箭之上。这三个人是太子、提婆达多和难陀，正拉弓欲将箭射向对面三个圆形的鼓。这三个用立杆

支撑起来的鼓,代表了佛经中所说的"金鼓、银鼓、鍮石之鼓、铁鼓等鼓"。饶有趣味的是,画面中支撑鼓的第一个立杆上,似有一只小狗正沿杆而爬,欲以前爪勾探鼓身。这只小动物的出现,使画面活泼生动起来。

"宫中欢娱"是东壁下层北起第二幅画面(图6-23)。为消除太子出家的念头,净饭王不仅为其娶妻纳妃,还以"更增伎女而娱乐之"的办法,欲使太子安心在宫中生活,以便继承王位。画面中,太子坐于床榻上,宫殿外的众采女正嬉戏玩耍。

"请求出游"是东壁下层北起第三幅画面(图6-24)。太子对荣华富贵毫无兴趣。这天,太子听得城外传来阵阵歌声,并伴有泉水流动之声,于是他来到父王处请求出游,父王应允。画面中央坐于床榻之上者为净饭王,他一手抚腰,一手抬起,上身前倾,似在讲着什么。画面右侧太子跪地,头、身前倾,呈恭敬听命之态。

"出游东门遇老人"是东壁下层北起第四幅画面(图6-25)。画面左侧为城门,骑马的太子在侍从的陪同下出东门。前方有一个执手杖的人物,低头弯腰立于路旁,这是净居天化作的老人。

图 6-20
第 6 窟中心塔柱东面佛龛北侧外面"父母教诲"

图 6-21
第 6 窟中心塔柱东面佛龛北侧内面"太子在大学堂"

图 6-22
第 6 窟东壁下层北起第一幅画面"箭射铁鼓"

太子惊奇地问:"此为何人?"侍者答:"此老人也。"太子又问:"何谓为老?"答曰:"此人昔日曾经婴儿童子少年,迁谢不住。遂至根熟,形变色衰,饮食不消,气力虚微,坐起苦极,余命无几,故谓老。"太子又问:"唯此人老?一切皆然?"从者答言:"一切皆悉应当如此。"太子心中骤然苦恼不堪,心想:"日月流迈,时变岁移,老至如电,身安足恃?我虽富贵,岂独免耶?云何世人而不怖畏。"然后愁思不乐返回宫中。

"出游南门遇病人"是东壁下层北起第五幅画面(图6-26)。此为太子再次出游,画面左侧同样雕刻了城门。太子骑着马,在侍从的陪同下出南门。前方有一个脸部、身体皆显臃肿的人,右腿翘起放在左腿上,手执木棍,无力地坐于路边。这一次,太子遇到了净居天化作的病人。

太子依旧惊奇无比,问过侍从,得知"一切人民,无有贵贱,同有此病"。于是告诉大家"如此身者是大苦聚。世人于中横生

图6-23
第6窟东壁下层
北起第二幅画面
"宫中欢娱"

图6-24
第6窟东壁下层
北起第三幅画面
"请求出游"

图 6-25
第 6 窟东壁下层北起第四幅画面"出游东门遇老人"

图 6-26
第 6 窟东壁下层北起第五幅画面"出游南门遇病人"

欢乐,愚痴无识不知觉悟。今者云何欲往彼园游观嬉戏"。随即"还入王宫。坐自思惟,愁忧不乐"。

"出游西门遇死人"是东壁下层北起第六幅画面(南起第一幅)(图 6-27)。太子又一次出游,画面主体人物是骑马的太子及为其撑伞盖的侍者,上方雕刻了飞行的人物,表示净居天的相助与变化。太子前方上侧雕刻了两个人物,其中走在前边的一人肩上扛着木杆,木杆上飘扬着长长的带子,为"招魂幡"。画面描绘的是太子出西门,遇上了死人。

"出游北门遇沙门"是南壁下层东起第二幅画面(图 6-28)。画面中心雕太子骑马,太子身后有一侍从为其撑着伞盖,侍从身后为宫殿式建筑。画面右上角雕刻飞天,代表具有变化能力的净居天。太子前方是一位有头光的沙门,他左手自然弯曲下垂,右手举于胸,身直面善,立于路边。太子出北门,遇上了净居天化作的沙门。在太子面前,净居天现神通力腾空而去。"太子既已见此比丘,又闻广说出家功德,会其宿怀厌欲之情,便自唱言:'善哉善哉!天人之中,唯此为胜,我当决定修学是道!'作此语已,即便索马还归宫城。"

"耶输陀罗入梦"是南壁下层东侧第三幅画面(图6-29)。净饭王为太子路遇沙门而颜容欢悦感到非常担忧,只怕其舍家学道,于是命太子妃耶输陀罗时刻不得离开太子,以便早日生子。净饭王来到太子住所,请求太子为国家承嗣生一子,太子答应,"即以左手指其妃腹,时耶输陀罗便觉体异,自知有娠"。太子认为,父王的愿望已经实现,"宜应方便思求出家"。诸天神力相助,"令诸官属皆悉惛卧"。

画面上方盝形龛上有帷幕，此为耶输陀罗之华丽住所。耶输陀罗以右手支头而卧，她盖着被子，似在睡梦之中；脚边坐着着菩萨装的太子，右手抚腮，呈思惟状。其身后胡跪一位双手合十的人物，表示诸天的相助。地上有四身持不同乐器的乐伎，东倒西歪，昏昏睡去。

第6窟南壁下层东侧第四幅画面（图6-30）是佛本行故事中重要的情节之一——"逾城出家"，这一情节在诸多佛教石雕或壁画中都有大量表现。该画面被安排在最靠近洞窟门口的位置，马头向着门口，其寓意不言而喻。

释迦太子见眷属都昏睡不醒，自觉正是出家之时。到后半夜净居天及欲界诸天充满虚空，太子身上的光明照耀十方，大声吼道："过去诸佛出家之法，我今亦然。""于是诸天捧马四足，并接车匿，释提桓因执盖随从，诸天即便令城北门自然而开，不使有声。太子于是从门而出。"

"入山求道"和"问讯仙人"位于南壁窟门西侧下层（图6-31）。太子与车匿、犍陟告别之时，脱下宝冠髻中的明珠，让车匿转交父王，并以七宝剑自行剃度，脱下七宝衣，换上袈裟。与车匿、

图6-27
第6窟东壁下层
北起第六幅画面
"出游西门遇死人"

图6-28
第6窟南壁下层
东起第二幅画面
"出游北门遇沙门"

图6-29
第6窟南壁下层
东侧第三幅画面
"耶输陀罗入梦"

犍陟道别后，太子即来到跋伽仙人处。

太子认为，"此诸仙人虽修苦行，皆非解脱真正之道，我今不应止住于此"。于是太子在另一善知相法的仙人指导下，向北方去寻阿罗逻迦兰仙人。

第6窟南壁窟门西侧所雕佛传故事画面多已风化，现只可隐约看到靠近门口两幅画面中的部分雕刻内容。第一幅可见一个举左手、腰背略弯的站立者。站立者下方是山峦，上方是

图 6-30
第6窟南壁下层东侧第四幅画面"逾城出家"

图 6-31
第6窟南壁窟门西侧下层"入山求道"和"问讯仙人"

树木，人物的左手上方还雕刻了一只鸟。非常明显，这是描写太子来到山林中的情景。另一幅画面，构图以人物为主，其余部分也雕刻了山峦和植物。画面中可以辨别的人物共有六身，皆为二人一对的形式。画面左上角的一对人物一坐一跪，坐者一手在胸前，另一手举在两人中间，身体前倾，边比画边讲着什么。跪者身位略低，双手合十，认真聆听。如果坐者是太子的话，那么跪者就是经文中所讲的跋伽仙人，他正接受太子的询问。画面中的其他人物，则应是代表了和跋伽仙人共同苦修的仙人。

"降魔成道"位于西壁中层中间坐佛龛（图6-32）。六年的苦行，使太子身心疲惫。太子到尼连禅河洗浴，并接受牧牛女所

供养的乳糜，食之，顿觉气力充足，发誓"不成正觉不起此座"。

太子的言行使"天龙鬼神皆悉欢喜，清凉好风从四方来，禽兽息响，树不鸣条，游云飞尘皆悉澄净"。太子坐阎浮树下四十八日，观树思惟，克服心魔，撼动天地，也震动了魔宫。魔王波旬召集手下大臣，欲以女色扰乱，并以强大武力压制太子的净念，阻止其成就佛道。

圆拱龛内，坐佛右手上举结施无畏印，左手抚膝呈降魔印。佛像四周的魔军被雕刻成牛头、马面、象首、猴脸等形象，或射箭、或举戟、或挥斧、或拿锤等，欲加害此时即将成佛的太子。

太子成就佛道后，被后人尊称为释迦牟尼，大梵天王三请之，为众生说法。释迦牟尼在鹿野苑说法时有三宝出现。"鹿野苑初次说法"位于东壁中层南侧坐佛龛（图6-33），这是云冈石窟雕刻中最为突出的一幅说法图。释迦牟尼结跏趺坐，右手结施无畏印，左手施与愿印，呈说法相。其左侧雕四身供养天人和三身闻法世俗供养人，右侧雕两身供养天人和五位闻法僧人。佛陀前面方形台面上,置梯形托盘,内盛呈"品"字形摆放的三个素面圆盘状物,为"三宝"的象征物,也称"三宝标"。三宝标两侧各有一只静卧的小鹿,表示此乃佛陀初次说法的地方——鹿野苑。

"降伏火龙"位于东壁中层北侧大龛(图6-34)。太子成就佛道后在各地宣讲佛法,收弟子。"降伏火龙"是在优楼频螺调伏摩诃迦叶时发生的事情:释迦牟尼决定前往摩揭陀国"度脱"迦叶兄弟三人,到优楼频螺后准备住于石室。摩诃迦叶告之:"此寂静处可得相容。然有恶龙,居在其内,恐相害耳。"释迦牟尼即进入石室结跏趺坐而入三昧。恶龙放出毒心烟火,释迦牟尼说:"虽有恶龙,但以见借。"即入"火光三昧";恶龙再以火焰焚

图 6-32
第 6 窟西壁中层中间坐佛龛"降魔成道"

图 6-33
第 6 窟东壁中层南侧坐佛龛"鹿野苑初次说法"

烧石室,摩诃迦叶看到火光冲天,即命众弟子以水浇之,但水不能灭火,火反而越烧越旺,连石室也被烧化。石室中的释迦牟尼身心不动,容颜怡然,终于降伏毒龙,毒龙受三皈依,并被置于钵中。

龛内坐佛像虽然风化严重,但头部保留完整,佛陀面容慈祥安静,头顶肉髻花纹右旋,右手掌心向前,结施无畏印,左手端钵,钵内一个圆球浮在水面,象征毒龙已被收入钵中。圆拱龛左右及上方刻满前来救火的摩诃迦叶的弟子。山峦中,众弟子或以双手抱盛水器倒水灭火,或手握法器欲扑灭毒火,或肩扛盛水囊匆匆赶来。

第6窟明窗东西两侧壁面上,还雕刻了两个盝形龛,东壁为"太子思惟",西壁为"白马吻足"(图6-35、图6-36)。除西壁"白马吻足"雕刻弯曲前腿吻太子脚的马外,两个龛的其余雕刻基本一致。

"白马吻足"的主角是释迦为太子时,逾城出家时所骑的白马,经文中称其为"犍陟",意为驯服而善于奔腾,是与太子情意深厚的良马。"白马吻足"故事说的是释迦太子骑马行至跋伽仙人苦行林中,下马抚马背说道:"太麻烦你了,你的任务已经

完成。"并对车匿说:"白马行进的速度如金翅鸟王,你一直跟随我实在难得。世界上的人或者可以与你同心而不能够同行,或者一直与你在一起而不能与你同心,你和白马对我则是既同心又同行。我舍弃国家来到林中,只有你们跟随,这份心意世上稀有。我现在已经来到闲静的地方,你们两个回宫去吧。"车匿"悲号啼泣,迷闷擘地,不能自胜",而白马听到此言屈膝吻太子足,并泪落如雨。

南壁明窗与窟门之间的大型屋形龛内描绘了"文殊问疾"的

图 6-34
第 6 窟东壁中层北侧大龛"降伏火龙"

图 6-35
第 6 窟明窗东壁"太子思惟"

图 6-36
第 6 窟明窗西壁"白马吻足"

场面（图6-37）。龛内中央为坐佛。佛左侧为头戴尖顶帽，身穿对领长衣，倚坐床榻的维摩诘居士，他手举麈尾，眯眼微笑，从容自得。佛右侧为头戴宝冠，着菩萨装，坐于床榻的文殊菩萨，他右手上扬，似侃侃而谈。以宣扬大乘佛教思想为主的云冈石窟，中期开凿的第7、8窟即有"文殊问疾"图的出现，晚期洞窟仍有不少此类题材。而第6窟的这幅以屋形龛装饰的"文殊问疾"图，是这一题材在云冈石窟乃至中国石窟寺中表现得最庄严隆重的一幅。

"文殊问疾"是根据《维摩诘所说经·文殊师利问疾品第五》所雕刻的。佛经说，维摩诘原来是东方无垢世界的金粟如来，于

释迦牟尼在世之时,自妙喜国化生至毗耶离城为居士(有着很多财富的财主)。他委身在俗,准备在适当的时候"辅释迦之教化"。当时,佛应五百长者之请,于毗耶离城中的庵罗树园说法,维摩诘示病不往,佛欲派遣弟子和诸菩萨前去看望,但大家都畏于维摩诘的善辩而纷纷推辞,最后只有文殊菩萨受命前去。维摩诘随机说法,辩才无滞,智慧无碍,乃成一经妙义。云冈石窟所塑造的"文殊问疾"表现的就是这一情节。

第6窟中心塔柱最上层华盖上雕刻的大型神兽、神鸟形象,塑造精良、形象生动,是

云冈石窟动物雕刻中的精品（图6-38）。窟顶中心塔柱四周的32个方格虽有风化，但依然可见骑孔雀、狮、虎、长尾马、狐、龟等动物的人物，此乃佛教护法中的诸天乘着各自的坐骑。此处不仅展现了佛教经论中的护法思想，也把洞窟装饰得更加多彩多姿。

图6-37
第6窟南壁中间屋形龛"文殊问疾"

图6-38
第6窟中心塔柱最上层神兽、神鸟浮雕

第7窟
兜率宫弥勒决疑
六美人护法争奇

第7、8窟是一组平面呈长方形并有前后室的双窟，是云冈石窟中期开凿最早的洞窟。两窟外壁中央耸立由龟趺驮负的巨大碑石，东西两侧有对称的似三角形的前壁（图7-1）。

两窟的前室为露天建筑，这种建筑样式不仅是云冈石窟双窟中的唯一，也是中国石窟群中的唯一。后世在此修建三层三间木结构窟檐，于双窟前室间墙北侧开拱门甬道，使两窟前室相通。两窟前室东西两壁风化严重，但隐约可见第7窟东壁和第8窟西壁分层分栏长卷式的浮雕佛教故事画面，并可见有千佛雕刻残存。前室通向后室的窟门雕刻精致，窟门两侧下方为方形层塔，各层雕刻双夜叉，塔顶为山花蕉叶化生童子，有多臂护法像端坐上方（图7-2、图7-3）。

第7、8双窟后室上层的弥勒大龛，是云冈石窟中期将弥勒作为主像的代表性作品（图7-4）。与早期第17窟以弥勒大像为主

图7-1
第7、8窟外景

图7-2
第7窟门拱东侧

图7-3
第7窟门拱西侧

像不同，第7、8双窟中的主像是以弥勒龛形式出现的，并且根据佛经，将弥勒塑造为交脚菩萨、思惟菩萨（《弥勒上生经》）、倚坐佛像（《弥勒下生经》）。双窟都塑有端坐于北壁上层盝形大龛内的三种弥勒形象：第7窟中央为交脚菩萨，两侧分列倚坐佛像（左右各一身）和思惟菩萨（左右各一身）；第8窟中央为倚坐佛像，两侧分列交脚菩萨（左右各一身）和思惟菩萨（左右各一身）。盝形大龛楣面内外雕翩跹起舞的飞天和演唱梵呗的乐伎，装饰华丽，应该是刻画了弥勒的"兜率天宫"。

第7、8双窟后室东西两壁均有计划地由下至上整齐地雕刻了四层造像联龛，圆拱龛、盝形龛交替出现。这些造像龛旁边多雕刻佛教故事，第7窟有"大梵天王请佛说法""降伏火龙"等内容。各类佛教人物形象生动，其中"降伏火龙"坐佛像龛外的救火梵

志形象尤为突出（图7-5）。

"大梵天王请佛说法"位于第7窟后室西壁第二层圆拱联龛中的北侧龛内（图7-6）。释迦牟尼成就佛道后，自思所悟的佛法道理甚深难解，而大众因"薄福钝根无有智慧"，而对佛法"迷惑不能信受"，于是决定不说法而"宁默然入般涅槃"。

大梵天王得知佛陀的想法，即前往佛陀处。大梵天王赞叹佛陀过去舍身求法、度化众生的菩萨愿行，因法海已满、法幢已立、法鼓已建、法炬已照，度化众生的时机已然成熟，劝请佛陀住世，大转法轮。由于大梵天王的劝请，佛陀便前往波罗奈国鹿野苑中说四谛法，化导众生。

"大梵天王请佛说法"为

图7-4
第7窟后室上层
弥勒大龛

图7-5
第7窟后室西壁
"降伏火龙"龛
外䄇火梵志

圆拱龛，主像为跏趺坐释迦佛像，两侧各一头戴高冠，双手合十，倚坐于束帛座上的人物。

第7窟后室南壁保存得最为完整（图7-7）。雕刻由下至上分为六层，窟门东、西侧雕两龛，东龛为盝形帷幕龛，内雕左手举麈尾，右手扶榻面，头戴尖顶帽，留山羊胡，斜倚在方形榻上的维摩诘像（图7-8）。西龛华盖下是头戴仰月宝冠，身穿紧身服装，上身略偏向右侧，双手持物于胸前，左腿盘起，呈舒相坐于方座上的文殊菩萨（图7-9）。两龛表现了"文殊问疾"的故事，是这一佛教故事在云冈石窟中最早的雕像。

图7-6
第7窟后室西壁第二层圆拱联龛中北侧龛内"大梵天王请佛说法"

图7-7
第7窟后室南壁

窟门上侧雕刻的簇拥摩尼宝珠的六身飞天（夜叉）乐伎，分别演奏箜篌、筚篥、排箫、埙、横笛、琵琶，其形象飘逸，栩栩如生（图7-10、图7-11）。

第7窟南壁最引人入胜的是明窗与窟门之间的长方形帷幕龛。龛内帷幕下，雕刻有双手捧物于胸，呈胡跪状的六身供养天人（图7-12）。这些供养天人发髻高耸，面貌祥和，斜披络腋，服装贴身，双肩飘带自然翻飞，身形比例恰到好处，是云冈石窟造像龛在画面布局、人物形象塑造方面最突出的经典组合。无论是龛式表现，还是形象刻画，都表现了当年的匠人在设计和雕刻上精益求精的追求，给人以很大的愉悦感。不知从何时起，人们将第7窟的六身供养天人称为"云冈六美人"，无疑，这是人们对其朴素而真切的赞誉。

第7、8双窟明窗内的雕刻内容，均为比丘在大树下坐禅（图

图7-8
第7窟后室南壁东侧维摩诘

图7-9
第7窟后室南壁西侧文殊菩萨

图7-10
第7窟后室南壁窟门东侧演奏箜篌的乐伎

图7-11
第7窟后室南壁窟门西侧演奏琵琶的乐伎

图7-12
第7窟后室南壁明窗与窟门间的供养天人

7-13、图7-14）。坐禅，坐而修禅也。禅，思惟、静虑，以息虑凝心，究明心性之术也。图的最下层为山峦，山中有植物生长；参天大树下，参禅打坐的比丘的覆头衣由头顶向两侧披下，只露出脸庞，旁边放着水瓶，树上挂着行囊，座前还放置着高腰僧靴。

第7、8双窟后室顶部的雕刻是云冈石窟平棋藻井中的精品，第7窟尤为突出。窟顶部平棋分为六格，格中心各雕一抹角叠砌藻井，井心雕团莲，四周有成对飞舞的飞天环绕。枋间交叉处亦雕团莲，拱上飞天亦成双成对面向团莲飞舞。整个顶部有团莲八朵，其中藻井团莲六朵，每朵围绕八身飞天，平棋枋两个十字交

图7-13
第7窟明窗西壁
"比丘树下坐禅"

图7-14
第7窟明窗东壁
"比丘树下坐禅"

图 7-15
第 7 窟后室顶部藻井内外飞天舞团莲

叉处各雕大团莲,枋上雕刻面向团莲的飞天(图 7-15)。画面以平棋藻井这种典型的中国传统建筑形式塑造了一个花团锦簇、绚丽繁荣的"天宫"景象,是外来宗教文化和中国建筑文化有机结合的成功范例。

第8窟
摩醯鸠摩护法门
笑靥皓齿传永恒

第8窟前室东壁北侧有一门洞和第7窟前室相通,这是云冈石窟双窟的特点之一。与第7窟一样,第8窟前室壁面风化严重。第8窟后室北壁和第7窟东壁亦风化严重,保存最好的是双窟后室的南壁(图8-1)。

后室北壁与第7窟后室北壁布局一致,内容相配。在龛像装饰上,雕刻者也很注意在内容相配基础上做出一些变化,如在第8窟后室北壁上层盝形龛帷幕上出现的虚空夜叉(图8-2),就与第7窟的双手托举帷幕的夜叉形象有明显的不同。虚空夜叉跃在空中又回头观望,上身赤裸,下身着短裤,腰圆背厚,躯体健硕,双腿自然弯曲,手托帷幕,纹饰优美的飘带由背部经两肩绕至胸前反折,流畅地向两侧飘下,给人身轻如燕的感觉。《法华玄赞》中说:"夜叉,此云勇健,飞腾空中,摄地行,类诸罗刹也。"

第7、8双窟通往后室的窟门和明窗开在了前后室之间的石壁上。第7窟窟门东、西两壁雕三头六臂与三头四臂

图 8-1
第 8 窟后室南壁

图 8-2
第 8 窟后室北壁
手托帷幕的虚空
夜叉

的护法像，第8窟则雕三头八臂的摩醯首罗天与五头六臂的鸠摩罗天。

摩醯首罗天和鸠摩罗天均为佛教护法八部众中天部的一员。

鸠摩罗天，意译为童子天，因其容颜如童子而得名。在云冈石窟，鸠摩罗天的形象以第8窟后室窟门西壁的最有代表性（图8-3）：五头六臂，乘孔雀，手擎鸡、弓、日、月，长发弯曲，下垂两侧，容貌如喜悦童子，造型古朴，生动悦人。其面部丰满圆润，稚气通过发自内心的笑容表现得淋漓尽致，弯曲翻卷的头发更体现出幼童的绒发特征。鸠摩罗天近乎裸体，只在腹部以下刻出几条弯曲的阴线，表示穿着紧身短裙。身体曲线分明、仪态动作自然大方，表现出非常成熟的设计思想和高超的造像水平。

摩醯首罗天，为大自在天之异名。《慧苑音义》解释说："摩醯首罗，正云摩醯湿伐罗。言摩醯者，此云大也。湿伐罗者，自在也。谓此天王于大千世界中得自在故也。"第8窟后室窟门东壁的形象，就是摩醯首罗天。与鸠摩罗天的造像一样，云冈石窟中摩醯首罗天的形象也以第8窟的最具代表性（图8-4）：三头八臂，中间的头戴菩萨宝冠，式样与早期的菩萨

造像相同，两侧的头较小，戴尖顶僧帽，表情严肃，持重稳健；左侧四臂风化严重，手中持物不明，右侧手臂的四只手分别托日、持弓、持如意、握葡萄。该像身体向前倾斜，颇具动感，坐骑为回首卧牛。

与第7窟相同，第8窟后室北壁也为上下两层，上层为五像龛，中为倚坐佛，两侧为弥勒菩萨，最外侧为思惟菩萨，下层为坐佛龛，是典型的以弥勒信仰为主题的主像布局。后室东西两壁主要有四层佛龛，各层间雕刻莲瓣纹、忍冬纹，有的层内为双龛。

窟内东西两壁多有佛经故事雕刻，其中位于东壁第二层的双龛分别雕刻了"商人奉食"和"四天王奉钵"（图8-5），这是描述释迦牟尼成就佛道后接受供养的故事。很多佛教经文

图 8-3
第 8 窟窟门西壁
鸠摩罗天

图 8-4
第 8 窟窟门东壁
摩醯首罗天

常常将这两个故事的内容穿插叙述,起到情节互补的作用。《过去现在因果经》中记载,五百个商人以蜜麨供奉佛陀,时,四天王各持一钵奉给佛陀,佛陀心想若只接受一位天王的供养,其余三位天王难免"生于恨心"。佛陀"即便普受四王之钵,累置掌上,按令成一,使四际相现"。

北侧龛中佛像右手抚胸,左手持钵,表示"用钵多罗,而以盛食"。两侧跪着四个戴圆帽、着垂裙的人物,世俗风格明显,他们双手捧钵向佛陀奉上食物"蜜麨"。是为"商人奉食"。

南侧龛中佛像手握法衣,两侧跪着的四个人物,个个头戴高冠,后有项光,衣着华丽,双手捧钵,敬于佛陀,意在表达"尔时世尊心自思惟,过去诸佛用钵多罗,而以盛食。时四天王知佛心念,各持一钵来至佛所,而以奉上"的佛经描述,是为"四天王奉钵"。

此窟南壁的造像设计也颇为独到,明窗与窟门间雕刻了六个供养天人(图8-6),他们身形比例恰当,形象活泼生动。与第7窟的供养天人雕像(图7-12)相比较,在坐姿与手印等方面有变化。

第7、8双窟后室南壁明窗两侧,对称雕刻了立姿合十的供养菩萨形象,其中第8窟的形象尤为突出(图8-7、图8-8)。两位菩萨身姿

图 8-5
第 8 窟后室东壁第二层龛像之"商人奉食"与"四天王奉钵"

图 8-6
第 8 窟后室南壁明窗与窟门间的供养天人

图 8-7
第 8 窟后室明窗西侧供养菩萨

图 8-8
第 8 窟后室明窗东侧供养菩萨

图 8-9
第 8 窟后室南壁东侧"西方三圣"龛像

婀娜，宝冠高耸，五官清秀，脸庞圆润丰满，具含蓄秀丽的喜悦之相和庄严神圣的丰富意蕴。最有特点的是西侧的立姿露齿菩萨形象。此像高约两米，头戴仰月式花冠，长发由耳后披至两肩，具素面圆形头光；身着紧身长裙，斜披络腋，双臂挎飘带；

头略偏向右前方，左腿直立，脚踏地面，右腿弯曲脚掌着地；跣足立于束帛座上。特别值得一提的是菩萨温婉的微笑，嘴角上翘，露出六粒玉齿，脸颊还有一对酒窝，形象秀丽婉约，雍容华贵，

是云冈石窟唯一一尊露齿微笑的菩萨。这尊菩萨像，反映了北魏云冈石窟匠人的深厚艺术功力。

在云冈石窟北魏造像中的众多佛教题材中，阿弥陀佛及其胁侍——观世音菩萨和大势至菩萨，即"西方三圣"的塑造并不普遍，甚至从来没有被作为主尊题材置于洞窟的正壁。但这并不能说明云冈石窟忽视了"西方三圣"。我们注意到在第7、8双窟的后室南壁，以宝盖龛雕坐佛像及两胁侍菩萨的形式塑造了"西方三圣"的形象（图8-9）。

　　第 8 窟后室顶部的雕刻（图 8-10）与第 7 窟相似，只是飞天的裙装、腰带更加飘逸。第 7 窟飞天手托摩尼宝珠，第 8 窟飞天手托博山炉（图 8-11），都是以佛教的供养为主题的雕刻。

图 8-10
第 8 窟后室窟顶

图 8-11
第 8 窟后室窟顶
飞天手托博山炉

图 9-1
第 9、10 窟外景

第 9 窟

天地动睒子孝亲 阁楼美列柱金楹

第 9、10 窟为一组双窟（图 9-1），因雕刻精美并有后世施彩，与第 11、12、13 窟并称为"五华洞"。双窟外壁两侧有多层高浮雕塔，第 10 窟西侧的高塔坍塌，只留下高约 1.3 米的塔基。双窟前列四根八角棱柱，两窟中间有须弥山柱，这种建筑样式是汉魏以来中国建筑"金楹齐列，玉舄承跋"的艺术体现。

来到第 9 窟，首先映入眼帘的是窟门及中国传统样式的仿木结构瓦垄屋顶门楼（图 9-2）。门楼的雕刻面积约为 15 平方米，瓦顶以一斗三升人字拱支撑，正脊上的三角形火焰图案之间和垂脊上各雕一只金翅鸟，两侧垂脊出檐角处雕飞天。门楼中间为博山炉，两侧对称雕刻八身手执璎珞的飞天，璎珞间亦雕刻三角形火焰图案。其下为忍冬纹化生人物托起的高浮雕莲花门簪组合图

案，门楼两侧各雕金刚。这一中国传统建筑式样的瓦顶门楼有以下两个特点：

第一，装饰华丽。瓦顶、鸱尾、斗拱等中国古建筑雕刻衬托了金翅鸟、飞天、莲花、金刚、童子等形象，丰富了门楼的装饰内容，凸显了对称美感。第二，突出了此壁面以该门楼为中心对称装饰的特点。第9窟前室北壁整体设计以门楼为中心，顶上为装饰华丽的拱形明窗，下方为进入后室的窟门。窟门两侧对称雕刻柱式盝形龛，龛内为狮子座交脚菩萨，明窗两侧对称雕刻圆拱龛，龛内为二佛对坐像。其他雕刻，如五层塔柱、飞天、伎乐天、小型坐佛像、窟门两侧的佛陀本生故事浮雕等，无不是以门楼为中心而展开的对称雕刻。东西两壁和南壁须弥山柱及千佛列柱的对称雕刻，亦体现了云冈石窟双窟雕刻者对称中求变化，变化中求统一的设计理念（图9-3）。

在第9窟前室腰壁人们容易观察的高度，匠人们以连环画的

图9-2
第9窟前室北壁

图9-3
第9窟南壁千佛列柱

形式，雕刻了佛教题材中"睒道士本生"的故事：睒子隐居修行，奉佛孝亲，却不幸误中了国王的毒箭。睒子的父母年迈失明，全靠睒子赡养，而睒子又生命垂危，正所谓一箭杀三人。但睒子并不以恶相报，而是忍受命运的不公。睒子的父母呼天抢地，似更符合常人心态。睒子的品行最终感动上天，并恢复如初。国王因此推行佛法，天下大治。故事中，睒子的孝顺和善良，给人留下了深刻的印象。

西壁南起第一幅画面为睒子降生。画面左侧为一座中国传统瓦顶阁楼式建筑，阁楼下层雕有睒子父母二人，由于风化严重，只可见其头部轮廓。阁楼外坐于台上的人物为帝释天，虽然风化严重，但仍可见其头上的光环，特别强调了其为睒子的降生选择地点、家庭的责任。帝释天身后雕刻有摩尼宝珠和盛着圆形食物

的盘子及供品。摩尼宝珠象征睒子的出生,容器中是睒子父母布施的食物。画面右侧雕刻上下两排共六身供养者,他们或双手合十,或伸手向前,皆低首谦恭,表达了对睒子父母的赞赏和恭敬。画面中间上侧为一飞天,象征着睒子的降生受到神灵的关注和引导,也象征了睒子的非凡。

西壁南起第二幅画面为睒子与父母入山修道的情景。此图分为两个部分:第一部分在画面右侧,两座顶为束帛状、上圆下方的屋宇,各有一人坐在其中,屋宇周围雕刻山峦。显然,这是睒子父母坐在儿子为其修筑在山中的茅草庐舍的情景。这幅图表现了睒子为修行,带双亲入山的情形,所谓"将其二亲,处于山泽",并"以草茅为庐,蓬蒿为席"。第二部分位于画面的左侧,一个飘带飞舞、身形苗条的人物形象,抱着两个双手合十的较小人物形象,这描绘的是睒子抱着其父母的情形。

西壁南起第三幅画右侧是睒子父母坐于茅草庐舍的情景,左侧除胡跪的睒子外,还有四头大小不同的走兽和一只爬在树上回头观望的猴子。画面表现了睒子在山中一边修行,一边悉心照顾父母,与山中各种动物和睦相处的情形。

北壁西起第一幅画为睒子被迦夷国王误射的情景。画面中,隐约可见一个人物头像和少部分山峦雕刻,这是睒子在山中汲水。画面左上方可见骑马狩猎的人群,其中位于左侧最前列的国王正对着右下方人物的方向张弓射箭,此即《六度集经》中所说的:"二亲时渴,睒行汲水。迦夷国王入山田猎,弯弓发矢,射山麋鹿,误中睒胸。"

北壁西起第二幅画面描绘的是睒子父母在两间茅草庐舍双手上扬、悲痛欲绝的场景。当睒子父母得知儿子被射杀时,精神受到极大的打击,惊怛而曰:"吾子何罪,而杀之乎?子操仁恻,蹈地常恐地痛,其有何罪,而王杀之?"(《六度集经》)

北壁西起第三幅画面雕刻的是迦夷国王在睒子父母面前忏悔的情景。画面下部雕刻的山峦几乎全部风化,上部则比较清楚。右侧是国王及侍从,左侧是他们的坐骑,一个侍从用手臂挽着两匹马的缰绳。迦夷国王深知自己在无意中犯下了不可饶恕的错误,对睒子双亲说:"吾睹两道士以慈待子,吾心切悼,甚痛无量。道士子睒者,吾射杀之。"(《六度集经》)

西壁和窟门西侧的画面,对"睒道士本生"故事前半部分的主要情节进行了描述,但是画面被前室通往后室的窟门截断,其所占壁面横向长度正好是整个壁面横向长度的一半,故事的后半部分内容应在第9窟前室的东侧画面表现。遗憾的是,第9窟这一部分几乎全部风化,只有紧靠窟门的北壁东侧第一幅画面可见一些雕刻内容:画面右侧是纵向排列的三匹马,它们是迦夷国王及侍从的坐骑,画面的其他部分雕刻了五位站立于山峦中的人物。这些人物虽然风化严重,但从轮廓判断,左侧两位身着连衣裙,两腿分开站立,双手合十,弓腰的应是国王的侍从,推测他们其中的一人应以手臂挽着缰绳。中间双腿并拢,身体曲线分明,头顶为宝冠轮廓,右手臂弯曲,手置胸前的应是迦夷国王。右侧两位应是睒子的父母:穿连衣裙、两腿分开站立者是睒子父亲,他的右手被国王的左手牵着,左手则拉着穿长裙、双腿并拢的睒子母亲。画面内容是迦夷国王应睒子父母的要求,带着他们去死去的睒子的身边。正如佛经中所记:"曰子已死,将何恃哉?吾今死矣。唯愿大王牵吾二老,著子尸处,必见穹没,庶同灰土。王闻亲辞,又重哀恸,自牵其亲,将至尸所。"(《六度集经》)

在窟门东侧的另一幅画面中,可隐约看到一个有头光和飘带的人物,已无法判断其身份。即便如此,我们依然可以根据佛经来了解故事的发展:睒子在天帝释的帮助下复活,迦夷国王推行佛法而天下大治等。

第9、10双窟前室腰壁本生故事以上的壁面上，均为佛像龛雕刻，其中北壁明窗两侧装饰华丽的二佛并坐龛（图9-4），是云冈石窟此类题材表现最为突出的范例之一。

"二佛并坐"出自《法华经·见宝塔品》。西晋竺法护于太康七年（286）就译出《正法华经》，到云冈石窟开凿前，此经又经过数译，其中以姚秦时鸠摩罗什于弘始八年（406）所译《妙法莲华经》流行最广。《见宝塔品》说的是释迦牟尼正在说法时，突然有七宝塔自地下涌出，塔内发出大音声，赞叹释迦牟尼说法。释迦牟尼接受大乐说菩萨之请，开启七宝塔，塔内现多宝佛，并为释迦牟尼让座。释迦牟尼进入宝塔中，与多宝佛并坐，宣说《妙法莲华经》。

经中说，早就成佛灭度的多宝佛，在还是菩萨时就发了以后"有说法华经处，我之塔庙，为听是经故，涌现其前"的誓愿，七宝塔从地涌出是为听释迦牟尼讲《妙法莲华经》，并坐的二佛则是释迦牟

尼佛和多宝佛。

尽管第9窟后室北、东、西壁风化非常严重，多数雕刻已不复存在，但南壁却由于远离后山的渗水而保存完好（图9-5）。层层龛像设计统一、布局严谨，雕刻内容多为本生、因缘故事，主要有"天女供养因缘""兄弟二人俱出家缘""尼乾子投火因缘""八天次第问法因缘""鬼子母失子因缘""须达长者妇获报因缘"等。

"天女供养因缘"出自《杂宝藏经》，经文叙述了六位天女因精心供养佛法和坚持信仰而得到好果报的故事。第9窟后室南壁东侧上层雕刻成中国传统瓦顶房屋的样式（图9-6），表现的就是"天女供养因缘"，主尊佛像结说法印，跏趺坐于须弥座上，左右两侧站立五身天女。她们斜披璎珞，飘带翻卷，双手执华盖，

图 9-4
第9窟前室北壁明窗西侧二佛并坐

图 9-5
第9窟后室南壁

脚踏莲花，表现了天女们对佛的虔诚和敬重。

"兄弟二人俱出家缘"画面出现在第9窟后室南壁东侧（图9-7）。这是叙述在出家期间，弟弟因嫉妒之心陷害哥哥的故事，而这里的弟弟就是释迦牟尼的前生。佛陀在前生并非一贯正确，他也会犯错误。但可贵的是，佛陀能及时发现自己的错误，并勇敢地承认和纠正。这种佛教观点来自社会生活，它告诉人们，"伟大的人物并非没有卑下的情志，而是终能克服这些卑下的情志"。

"兄弟二人俱出家缘"故事说：很久以前，一对兄弟欣乐佛法，两人都出家修行。哥哥勤修种种法门，持戒精进，不久便证得阿罗汉，人称阿练比丘。弟弟生性聪明，广学多闻，精通三藏经，被当时的辅相礼聘为门师，称为三藏法师。辅相请三藏法师兴建一座寺院，落成后的寺院庄严宏伟，这使辅相对三藏法师更加恭敬。三藏法师推荐哥哥担任寺中住持。阿练比丘来到寺院后，用功修行，辅相送给他一块上等布料。阿练比丘想到弟弟平日营办种种佛事，需要较多的财物，于是将布料转送给三藏法师。不

图 9-6
第9窟后室南壁东侧上层"天女供养因缘"

图 9-7
第9窟后室南壁东侧"兄弟二人俱出家缘"

久,辅相将一块普通的布料送给三藏法师,三藏法师虽然接受了,却对哥哥产生了嫉妒之心。

辅相又送给阿练比丘一块上等布料,而比丘又转送给了弟弟。三藏法师已生嫉妒之心,便想加害他的哥哥。于是,他将上等布料送给辅相女儿,让其缝制衣服。当辅相看到女儿衣服的布料是自己送给阿练比丘的布料时,心中大为不快,于是见了阿练比丘不再起身迎接并露出不悦表情。看见辅相的举动,阿练比丘心中便知有人陷害他。但为了护念辅相的发心,阿练比丘很有智慧地以种种善巧比方,让辅相明白了事情的真相。辅相对阿练比丘处处不为己,只为别人着想的精神十分尊敬,同时也为自己的行为感到愧疚。除了向阿练比丘顶礼忏悔外,他还将三藏法师及自己的女儿驱逐出国,以惩罚他们对阿练比丘的诬谤。

画面中央的立佛象征佛法,佛左上侧的房屋表示三藏法师营

造的僧房塔寺；立佛像左侧上下雕刻二比丘，表示兄弟二人；立佛像右侧上方两位双膝跪地、双手合十、磕头的供养天人应为辅相夫妇，他们正向立佛恭敬致拜。辅相夫妇二人下方，雕刻了一个具头光，披飘带，上身赤裸，下身只着短裤的人，她的双手被粗绳缚绑，并被拉向右侧，头则偏向左侧，表示不愿离去，这个人物形象应是被驱逐出国的辅相女儿，即经中所说的"即驱三藏及其已女，悉令出国"。

"尼乾子投火因缘"即"尼乾子投火聚为佛所度缘"，讲述了佛陀在降化外道过程中的故事。

云冈石窟所塑"尼乾子投火因缘"浮雕画面位于第9窟后室南壁西侧上层（图9-8）。施说法印的释迦牟尼跏趺坐于须弥座上，龛内和龛楣均雕刻火焰纹。为强化视觉效果，后世的人们将这些火焰纹涂为红色。佛像龛右侧雕刻了三个不同形态的人物形象，上面两人为表现外道人物皈依佛法的梵志（指婆罗门或不修行佛教的"外道人"）形象，他们或伸臂叉腰，或抚胸下跪，或许是《杂宝藏经》中"诸尼乾子……既到火里，身体清凉，极大快乐。见佛在中，倍复庆悦，求欲出家"的写照。二人下方，一比丘双手捧供物于胸前，低头闭眼，胡跪于莲花之上，无比虔诚，即佛经所说的"须发已落，法服在身。佛为说法，得阿罗汉"，许是象征"尼乾子"已被"降化"为虔诚的佛教徒。佛像两侧雕刻了飞天和供养者。

云冈石窟所雕"八天次第问法因缘"，位于第9窟后室的南壁与西壁，正好在"鬼子母失子因缘"的上方，两者的画面设计完全一致，即整体画面分布于两个相邻且呈直角的壁面上。只是"鬼子母失子因缘"以中国传统瓦顶建筑图案为装饰，而"八天次第问法因缘"雕的则是盝形龛（图9-9）。帷幕之下，具身光的佛陀着袒右肩服装，右手于胸前结施无畏印，跏趺坐于中间，两侧各雕八身胡跪供养天人。

"鬼子母失子因缘"故事位于第9窟后室南壁窟门西侧（图9-10）。《杂宝藏经》中说，鬼子母凶妖暴虐，后归于佛。此故事讲的是佛以其人之道还治其人之身的方法，使鬼子母"改恶从善"并皈依佛法。

鬼子母是老鬼神王般阇迦的妻子，他们有一万个儿子，儿子们都有大力士之力，最小的儿子是嫔伽罗。但鬼子母性情暴虐，吃别人的小孩。人们非常恐慌，将这件事告诉了佛陀。于是佛陀将其小儿子嫔伽罗藏于钵中，鬼子母到处找也找不到，非常焦急。她听说佛陀有一切智慧，能帮人破除万难，就去找佛陀，问儿子的下落。佛陀说："你有一万子女，现在仅丢失一个就苦恼愁忧，世间的人们仅有一子，最多也就三五子，却被你杀害，该有多么痛苦啊！"鬼子母对佛陀说："如果佛帮我找到儿子，我从此就不杀别人的孩子了。"佛陀让鬼子母看钵中的嫔伽罗，她竭尽神力，也不能救出儿子，即求于佛陀。佛陀说："你今天若能受三皈五戒，保证永远不杀人，我就还你儿子。"鬼子母即刻听从，受戒皈依

图 9-8
第9窟后室南壁西侧上层"尼乾子投火因缘"

佛门，佛陀随即还其儿子。

　　此画面左侧是向右侧身，并排坐在一起的鬼子母和老鬼神王般阇迦，他们面容舒展，坐于束帛座上。两个人物形象不仅大小、姿势一致，甚至连发型和容貌都一模一样，完全不能分辨出男女。前边人物形象的左手中抱着小儿，据此判断，她应是鬼子母。

　　佛教以为，通过"施舍"可以达到"解脱"。《杂宝藏经》就讲了这样一个故事：须达长者晚年用光了财物，靠做佣工得了三斗米。他的妻子刚做好了饭，阿那律来乞食，须达的妻子便施给他满钵饭食。后须菩提、摩诃迦叶、大目犍连、舍利弗等来乞食，都得到施舍，最后佛陀也来了，须达的妻子也施与佛陀满钵米饭。食物全部施舍光了，须达回家后没有饭吃。当得知妻子的施舍行为后，须达对她说："我们的罪过已尽，福德就要来了。"后来，果然家中米谷、衣帛应有尽有，用之不竭。

　　匠人们据"须达长者妇获报因缘"佛经故事雕刻的画面，位于第9窟后室西壁南侧上层（图9-11）。画面中，在中国传统瓦顶建筑下，两位手端饭钵的供养者相向而跪，这就是须达夫妇二人的形象。他们身穿宽大上衣，均以左手端饭钵，画面左侧的人

图9-9
第9窟后室南壁与西壁"八天次第问法因缘"

图9-10
第9窟后室南壁窟门西侧"鬼子母失子因缘"

右手执餐具放入钵中，做欲食状，表示家中有吃不完的谷粮，如《杂宝藏经》中所说的"谷帛饮食，悉皆充满，用尽复生"。屋顶下立柱两侧各站立一位供养菩萨，以此象征夫妇二人已进入很高的佛法境界。

云冈石窟第9窟明窗的东西两壁，以独特的艺术手法塑造了文殊、普贤两位菩萨。

第9窟明窗东壁为坐莲文殊菩萨（图9-12）。此画面高约2.4米，宽约1.6米。最下边雕刻起伏的山峦，山中有莲池，池内有一朵大莲花和两朵小莲花。菩萨左手持净瓶，右手举长茎莲花坐于大莲花上。有两身比丘各跪莲池一侧。菩萨两侧各雕一身供养天人，一身供养天人左手扶莲，另一身供养天人举华盖，画面左上方亦雕一朵莲花。整幅画面俨然一个以菩萨为中心的莲花世界。大乘佛教在歌颂文殊菩萨的智慧时，往往以莲花作象征。因此可以断定，第9窟明窗东壁表现的是文殊菩萨。

在大乘佛教中，文殊菩萨司智慧，被称为"觉母"。《大乘本生心地观经》说："文殊师利大圣尊，三世诸佛以为母。十方如来初发心，皆是文殊教化力。""智力"是文殊菩萨的最大特点。

传说文殊为显其智慧的"不染着法",而持青莲花;为断一切众生烦恼,而持利剑。

第9窟明窗东壁文殊菩萨手中所持长茎莲花,应该是青莲花,菩萨周围的众多莲花,应是为显现菩萨的无限智慧。但此文殊菩萨并未持"能断一切众生烦恼"的利剑,这一点应与北魏社会提倡"以静为治""倡明礼乐",以求得太平盛世有关。

第9窟明窗西壁雕有骑象普贤菩萨(图9-13),与东壁的文殊菩萨相对应,画面的尺寸大小和布局也与之对应:中心为普贤菩萨骑大象行走于山峦间,左上角是举华盖的飞天,右上角的引路者为一对演奏琵琶和横笛的飞天乐伎。

《法华经义疏》卷12说:"普贤者,外国名三曼多跋陀罗。三曼多者,此云普也。跋陀罗者,此云贤也。此土亦云遍吉,遍犹是普,吉亦是贤也。"

普贤菩萨是佛陀的胁侍,经常以骑六牙白象的形象出现。据说佛陀在灵山讲《法华经》时,普贤菩萨发愿守护《法华经》,为受持《法华经》的人除患,使其得安稳。云冈石窟中,《法华经》

图 9-11
第9窟后室西壁南侧上层"须达长者妇获报因缘"

图 9-12
第9窟明窗东壁文殊菩萨

图 9-13
第9窟明窗西壁普贤菩萨

的思想表现得较明显。在云冈石窟繁荣期开凿的第9窟的显赫位置雕刻普贤菩萨画面，体现了执政者宣扬"法华"的意图。

在云冈石窟的装饰雕刻中，摩尼宝珠和博山炉占有重要地位，是第9、10双窟乃至云冈石窟艺术中装饰意味最为浓厚的佛教圣物。首先，它们在佛教中具有佛教禅法传承和供养作用。其次，二者可以在画面上做对称装饰，能够达到良好的视觉审美效果。第9、10窟以更加艺术化的表现形式将摩尼宝珠和博山炉置于窟门顶部，第9窟窟门顶部有四身飞天簇拥的摩尼宝珠，底座以莲瓣纹、火焰纹装饰，呈六棱形的宝珠居中；第10窟窟门顶部雕四身飞天簇拥的博山炉，底座以莲瓣纹、忍冬纹、联珠纹层层装饰，桃形炉体两侧雕刻了一对漂亮的"S"形忍冬纹，构思奇特，颇具装饰意味。

第10窟 二龙收复阿修罗外道降服和平多

第10窟的雕刻布局与第9窟相同。首先是前室北壁窟门上方,在与第9窟中国传统瓦垄屋顶门楼对称的地方,雕刻了佛教中帝释天所居的须弥山(图10-1)。画面雕刻三层山峦,最下层山峦间,有12个手执璎珞的化生童子,山中有兔、鹿、虎、猪、狐、鸟等动物和树、花等植物。第二层雕刻有十个层叠的山峰,每峰内雕刻一只动物或一株植物,有熊、鹿、鸟或树、花等。第二层与第三层山峦间雕刻二龙缠绕,龙身缠绕多层,龙首分别朝向东西两侧。龙身上方的山峦高低错落,下呈锅底形,上与明窗平行并相接。第三层重叠的三十多个山峰中,有

图10-1
第10窟前室北壁窟门上方二龙缠绕须弥山

鸟、猪、兔、猴、虎、鹿、狼、狐、树、花等雕刻。须弥山西侧为五头六臂，手持弓、日、月等物的阿修罗；东侧为三头四臂，手擎日、月的阿修罗（图10-2）。

须弥山是古印度传说中的山名。《长阿含经》中描写为"高六十万八千由旬，纵广八万四千由旬，四宝所成：金、银、水精、琉璃"。佛经说须弥山是由"滴如车轮"并扑灭世间火灾的神水所造，山上还有用神水造的诸天宫殿等。

此处通过层叠的山峰和山中的众多动植物，以及山峰间手执璎珞的化生童子等，似在表现须弥山的"四宝"和宫殿。缠绕的二龙形象及两侧的多头多臂神，表现的或许是《长阿含经》中"诸天与阿须伦共斗"的一个场面。

阿修罗也名阿须伦，为六道之一，是"常与帝释战斗之神"，他居于大海深处的阿修罗宫，具大神力。为使阿修罗皈依佛法，诸天决定把他降伏。残酷的战斗反复多次，诸天得胜，但不能绝对取胜于阿须伦。后由难陀、跋难陀二龙王参战，"尔时，难陀龙王、跋难陀龙王以身绕须弥山七匝，震动山谷，薄布微云，滴滴稍雨，以尾打大海水，海水波涌，至须弥山顶。时，忉利天即生念言：今薄布微云，滴滴稍雨，海水波涌，乃来至此，将是阿须伦欲来战斗，故有此异瑞耳"。

佛教艺术中对阿修罗的形象塑造，是以其"宁可取彼日月以为耳珰"作为最大特点的。第10窟前室北壁将阿修罗对称置于中央须弥山两侧，意在说明阿修罗曾经在须弥山顶的忉利天与诸天战斗，同时也强调了其皈依佛法后，极力供养佛陀而成为护法八部众之一。

在前室的整体布局上，第10窟与第9窟如出一辙，除窟门上方须弥山和两侧倚坐佛像及东西两壁龛像不同外，上方的雕刻均完全一致。

在与第 9 窟雕刻"睒道士本生"故事同样的位置上（前室北壁和东西壁），第 10 窟也雕刻了本生或因缘故事。虽然到目前为止，其中的几幅画面还不能找到相对应的佛经故事，但基本可以确认的佛经故事是雕刻于北壁西侧的"须摩提女请佛"和东侧的"难陀出家"，东壁的"天女燃灯供养缘"和"布发掩泥"。

"须摩提女请佛"，说的是佛在舍卫城时，长者阿那邠池之女须摩提"久殖妙因，天殊奇特，受佛高行，静心玄室"。满富

城中的满财长者"远涉诸国募求精婇"。满财长者入舍卫城与邠池相见，想让其将女儿许配给自己的儿子。邠池求得佛陀同意，答应了婚事。娶亲之时热闹非凡。满富城的法律规定，娶外城女子要受重罚，即新娘必须供养六千梵志。笃信佛教的须摩提女，不肯供奉"外道人"，于是她登上高楼，以香油涂身遥拜佛陀，请佛陀救济危厄。

佛陀率众解救须摩提女的故事画面，位于第10窟前室北壁窟门西侧（图10-3）。由于风化严重，画面上只有右侧的形象较为清晰：骑金翅鸟、驾驭虎舆和乘象的着菩萨装人物，由画面右侧上角飞驰而下，是为目犍连等佛诸弟子。而在风化严重但可见形象轮廓的画面中部，有一倚坐的人物形象，上方的残存雕刻似佛光，应是佛陀。其右侧有跪姿做供养状的人物轮廓，大概是须摩提女。画面右侧下层现残存三位人物形象，具头光、双手合十，可能是皈依佛教的长者。

位于第10窟前室北壁窟门东侧的浮雕画面（图10-4），被认为是"难陀出家因缘"。画面风化严重，残存部分可见上雕莲花的横竖折条将不同的人物分开，折条的上方和右侧，数位双手

图 10-2
第 10 窟前室北壁须弥山东侧阿修罗

图 10-3
第 10 窟前室北壁西侧"须摩提女请佛"

合十或捧物做供养状的比丘坐在方格内。折条内，不仅有数位胡跪供养天人的形象（现残存三身），还有果品之类的供养物。

"布发掩泥"是《六度集经》内《儒童受决经》中的一个故事。讲述了佛前世生于钵摩国，是一位名为儒童的梵志，他智慧超群、道志坚定，曾舌战众儒，又勤劳奉佛。他听到行人说"定光如来无所著正真道最正觉道法御天人师，将来教化"时，非常高兴，是为"儒童心喜，寂而入定，心净无垢，睹佛将来"。他

图 10-4
第10窟前室北壁窟门东侧"难陀出家因缘"

图 10-5
第10窟前室东壁"布发掩泥"

图 10-6
第10窟前室东壁北侧"布发掩泥"

向采摘鲜花的女子讨得五枝鲜花，撒在佛的身上，如来告诉他"后九十一劫，尔当为佛"，儒童"踊在虚空，去地七仞。自空下来，以发布地，令佛踏之"。

第10窟的画面正表现了这一故事情节（图10-5），雕刻的是如来立于中央，儒童将长长的头发铺于佛脚下。如来身后是一个手持拂尘的护法夜叉，上方并排有两个双手合十的供养者。佛前面以长方形石条将画面分为三个空间，中间雕刻两个人物，上方站立者左手将有五个花朵的花束扛在肩上，表现儒童讨得的五枝鲜花。右下角雕刻了一间瓦顶房屋，内站立一肩上挎飘带的人物，上方一人蜷腿，处于一圆形光环中，似在表现儒童听了佛的预言心中欢喜而"踊在虚空，去地七仞"的情景。

与这一画面相呼应，同一壁面上北侧立佛像宝盖龛塑造的也是"布发掩泥"故事（图10-6），由于佛像的两个小臂皆佚，

我们不能够了解其双手的动作姿态。佛陀脚下是一个莲花台，佛陀站立于上，有小儿匍匐在佛脚下。此处小儿的姿势不是常见的胡跪状，而是双腿弯曲伏于地，以手抚摸佛陀的右脚面，他的头发也没有铺在地面上。

"天女燃灯供养缘"故事出自《杂宝藏经》。因畏惧提婆达多（常与佛陀敌对的恶比丘，佛陀的堂兄弟）和阿阇世王（和佛陀争取僧团领导权，是佛陀的对立者），王舍城的人们不敢燃灯供佛。有一女子无所畏惧，仍在佛陀经过的地方明灯供佛。阿阇世王听说后非常恼恨，用剑将其斩腰而杀。女子命终后得生三十三天摩尼焰宫殿中。帝释以偈语问她："汝昔作何业，身如聚真金。而有大威德，容貌甚光明。"天女以偈语回答："三界之真济，三有之大灯。至心眼观佛，相好庄严身。法中之最胜，为之燃明灯。灯燃以灭暗，佛灯灭众恶。见灯如日光，真实生信心。睹灯明炽盛，欢喜而礼佛。"偈语毕，她来到佛所。佛为她说法，她得须陀洹果（罗汉果之一，小乘五位之初果）。

这一故事出现在第10窟前室东壁第二层南侧（图10-7）。画面右侧雕刻内置人物的二层阁楼，画面中间上方有人似在挤（羊）奶，以此来表现平静的社会生活；画面中间下方一位有头光的人物，正双手捧物躬身侍奉带舟形身光的佛陀，有头光人物的身后还雕刻了一位双手合十的供养天人，以烘托神圣气氛；画面左侧人物的身体被截断，以此说明女子被阿阇世王斩腰而杀；

图10-7
第10窟前室东壁南侧"天女燃灯供养缘"

图10-8
第10窟前室西壁上层交脚菩萨屋形龛

佛陀上方有左手手指放在嘴边的盘腿坐姿比丘（罗汉），意为女子已得须陀洹果。

第9、10双窟前室东西两壁上层雕刻的三间式屋形龛，意味着云冈石窟龛式有了新的发展，也是佛教石窟艺术进一步中国化的表现。双窟的屋形龛均以中国传统瓦垄屋顶覆盖，并以仿木结构形式在檐下雕刻了一斗三升人字拱，拱下由两根方柱或八棱柱将屋形龛分为三间，各间内皆有造像。为了达到对称中有变化的效果，双窟四个屋形龛在主体形象一致的基础上，在造像和立柱的雕刻上做了不同的安排。

第9窟前室东壁和第10窟前室西壁的三间式屋形龛内是以八棱柱间隔的，明间是坐狮子座的交脚菩萨，两梢间是坐束帛座呈舒相坐的树下思惟菩萨（图10-8）。这是依据《弥勒上生经》塑造的弥勒在兜率天内院为一生补处菩萨时的形象。

第9窟前室西壁和第10窟前室东壁的三间式屋形龛内是以四层方形塔柱间隔的，明间是狮子座交脚佛，两梢间是立姿胁侍菩萨和飞天（图10-9）。这是依据《弥勒下生经》塑造的弥勒成佛后的形象。

因为第10窟后室南壁与山体隔离，所以保存得较为完整（图10-10）。其雕刻既对称，又有变化；既体现佛教意义，又注重装饰意味。位于中央的窟门，是洞窟中最引人入胜的艺术作品。门楣内五个以莲花化生为主体的雕刻，堪称云冈石窟化生形象中雕刻最精美的一处，突出地表现了佛教化生形象的跃然生动。五个高浮雕莲花化生形象，似"天外来客"驻于布满花纹图案的门楣上。他们从莲花中露出头部和胸部，显得活泼可爱、神采奕奕，双手所执的璎珞自然下垂呈"U"形（图10-11）。

与第9窟一样，第10窟后室南壁和东、西两壁，也分层雕刻了不少佛教因缘和本生故事。主要有"佛在菩提树下魔王波旬欲来恼佛缘""大光明王始发道心因缘""吉利鸟因缘""妇女厌欲出家因缘"等。

"佛在菩提树下魔王波旬欲来恼佛缘"简称"恼佛缘"。佛教中，波旬是欲界第六天的魔王，经常带领魔众到人间破坏佛法。佛陀

图 10-9
第 10 窟前室东壁上层交脚佛像屋形龛

图 10-10
第 10 窟后室南壁

图 10-11
第 10 窟后室南壁窟门楣及其莲花化生

成佛之夜，他曾经大肆搅扰佛陀而被降伏。

第 10 窟后室南壁西侧上层的画面就是"恼佛缘"（图 10-12）。佛像左手抚盘起的右脚，右手放右小腿上，结跏趺坐于圆拱龛中，背后身光中饰有火焰纹。龛外群魔乱舞，手执弓箭、锤、钺、戟等武器向佛进攻。魔军多为夜叉形象，此外，还有象首、猪首和猴

首等妖怪，代表了魔王波旬的"八十亿众"。佛座下方两个魔兵蜷曲倒地，旁边站在山峦中的人物手握长柄"武器"指向他们，表现了地神为佛陀做证，魔王及魔军不能动摇佛陀的澡瓶而"颠倒自堕，破坏星散"的情景。

"大光明王始发道心因缘"出自《贤愚因缘经》。经书中讲了这样一个故事：大光明王是过去世的一个国王，接受了邻国国王赠予的大象。驯服后的大象很得大光明王喜爱，国王骑着象与百姓一起出城试象。快要到达试象的地方时，血气方刚的大象看见了象群，突然发情，追逐着母象一直狂奔到了森林的深处。国王从象背上摔下受伤。百姓看到国王经受了这样的痛苦，无不忧愁苦恼。

回到王宫不久，驯象师散阇就向国王报告，说大象已经回来。国王说："我不再需要你，也不再需要大象了。"散阇便让国王

图 10-12
第 10 窟后室南壁
西侧"恼佛缘"

和百姓观看他怎样驯服大象。散阇请工匠做了七个铁丸并将其烧得通红，他心想：如大象吞下铁丸，必死无疑，国王或许会后悔。他做了一个动作告诉大象："吞下这个铁丸。如果不吞，就用铁钩钩裂你的脑袋。"大象知道他的心思后，向大王屈膝下跪，眼流热泪，希望大王饶恕它。国王盛怒之下转头看向别处。大象环顾四周，求助无望后，便将铁丸吞了下去，顿时内脏焦烂，倒地而死。在场的众人无不悲伤哭泣。

国王看到这个情景，十分愕然，心生后悔，问驯象师："你调教的大象如此驯服，为什么先前在树林，却不受控制呢？"此时，净居天知道大光明光应产生无上菩提之心，便施展神力，让驯象师跪下回答："大王啊，我只能驯服象的身，却不能驯服它的心哪。"国王问："那有谁既能够驯服象的身体，又能驯服它的心呢？"驯象师告诉国王："只有佛世尊！"光明王听到佛名，心中无比震惊，汗毛竖立，问散阇："你所说的佛，是什么种性所生呢？"散阇回答说："有两种种性能生佛世尊。一者为智慧，二者为大悲。精勤修行六种事业，就是所谓的六波罗蜜，功德智慧圆满俱足，才能称之为佛，他既能调伏自我，又能使众生信服。"

国王听了肃然起敬，心生欢喜，起身回到宫里，沐浴之后，换上新衣，走上高楼，向四方分别施礼，对一切众生起了大悲之心，并烧香立愿："愿我所有的功德都回向佛道。"

第10窟后室南壁窟门西侧第二层的画面（图10-13），即为"大光明王始发道心因缘"。佛陀端坐中间，其左侧的雕刻已经风化不存，现有后世补绘的菩萨壁画，右侧上下两排（上排立姿，下排跪姿）供养者侧向佛陀合十礼拜，供养者身后有一头装饰华丽的大象驮负须弥座，上坐有头光、挎飘带的人物形象，应为大光明王，大象内侧的人物形象似驯象师散阇，也在双手合十向佛

陀致敬。

"吉利鸟因缘"故事出自《杂宝藏经》,说的是佛陀在王舍城时的故事。佛陀的堂兄弟提婆达多想:"佛身边有五百位青衣鬼神,常常侍奉护卫;佛有十种智力,成百上千的金刚力士也比不上。我现在杀不了他,不如回去侍奉他,找到他的要害,然后下手,这样一定能够将其杀掉。"于是提婆达多便在比丘、比丘尼、优婆塞、优婆夷聚集听法时,混在其中向佛忏悔,对佛说:"世尊,请接受我的忏悔,我想在一处闲适安静的地方,修行自己的心志。"但他心里却想:"如果佛接受我的忏悔,我便能找到方法杀掉他,如果佛不接受我的忏悔,那也足够让佛的坏名声遍布各方。"佛陀说:"佛法中没有谄媚欺骗,所有谄媚欺骗的人都无法获得佛法。"外道六师都说:"提婆达多虔诚地向佛忏悔,而佛陀不接受他的忏悔。"众比丘则说:"提婆达多表面逢迎佛陀，实则口是心非。"

佛陀说："过去世很久以前，波罗奈国有一个国王名梵摩达，下令严禁屠宰和捕猎。有一个猎人穿着仙人的衣服，杀害了很多鹿、鸟等动物，人们却都不知道。有一只吉利鸟告诉大家：'这个人是大恶人，虽然穿着仙人的衣服，其实是个猎人，常常做杀生的事情。'大家都相信吉利鸟说的话。当时的吉利鸟，就是我的前身；当时的猎人，就是现在的提婆达多；当时的国王，就是现在的舍利弗。"

第10窟后室南壁东侧中层瓦顶覆盖的屋形龛内表现的就是"吉利鸟因缘"（图10-14）。画面中佛陀着袒右肩袈裟端坐于方座上，众供养天人合十胡跪于两侧，一个发髻高耸、穿世俗装的人五体投地拜于佛座下，他应是妄图加害佛陀的提婆达多，整个画面安排得十分活泼。

学者们对第10窟东壁第三层南侧盝形龛内的内容（图10-15）有两种解释，一是"妇女厌欲出家因缘"，一是"五百弟子受记"。前者出自《杂宝藏经》，后者出自《法华经》，各有

图10-13
第10窟后室南壁西侧第二层"大光明王始发道心因缘"

图10-14
第10窟后室南壁东侧中层"吉利鸟因缘"

道理。

　　雕刻画面中，龛内中心为着袒右肩袈裟坐于须弥座的佛陀，佛的右侧分三层布置四身合掌供养童子形象，佛左侧上部是两个合掌供养天人，下部即"妇女厌欲出家因缘"故事中的母子二人。母亲坐于束帛座上，端庄慈祥，儿子双手合十跪于母亲膝下，头倾向母亲，母亲双手握着儿子的头发。画面中佛像两侧的人物，多数都雕刻有头光，只有两个人物没有头光，一个是佛像右侧第二层的胡跪童子，另一个则是故事中的儿子。

　　第9、10窟明窗顶部为飞天舞团莲图案（图10-16、图10-17）。第9窟明窗顶部的图案中心是由二重莲瓣组成的大团莲，周围由八身飞天环绕托持，团莲四角的四身飞天较大，为穿犊鼻裤、头梳逆发的童子形象；另外四身飞天较小，为穿紧身衣的高发髻飞天形象。他们双臂舒展柔美，飘带翻飞，自然活泼。第9、10窟明窗顶部的图案在设计思想和画面布局上完全一致，只是围绕在团莲周围的八身飞天的穿着打扮截然相反。第10窟明窗顶部的图案中，身形较大的飞天着紧身衣、头顶高髻；身

图 10-15
第10窟东壁第三层南侧"妇女厌欲出家因缘"

图 10-16
第10窟明窗顶部飞天舞团莲

图 10-17
第9窟明窗顶部飞天舞团莲

形较小的飞天穿犊鼻裤、头梳逆发。这是云冈石窟人物塑造形式多元的表现。

第11窟

塔龛多姿供养众 五十四人宣誓忠

第11窟中心塔柱高约13.3米（图11-1），分为三层，由下而上第一、二层为塔身，第三层是塔顶。第一层四面均雕立佛（南面立佛两侧有立姿胁侍菩萨），为"四方四佛"。第二层南面开方龛，内雕交脚菩萨，两侧各雕思惟菩萨。其余三面均雕两身并列立佛像。此为云冈石窟独有的造像形式。第三层四面均雕山花蕉叶内阿修罗形象。

"四方四佛"造像在云冈石窟仅有两处，都塑造在两个大型洞窟的中心塔柱四面，另一处在第6窟中心塔柱上层，即四尊立佛像各占一面，是为东、西、南、北四方世界皆有佛：东方妙喜世界阿閦佛，南方欢喜世界宝相佛，西方极乐世界无量寿佛，北方莲华庄严世界微妙声佛。

第11窟中心塔柱南面立佛像两侧的胁侍菩萨，面部丰满，身材修长，无论是造像风格，还是人物所着衣服，均与云冈石窟北魏人物造像有着很大的不同。结合大同华严寺薄迦教藏殿内辽代塑像特征，并考校《大金西京武州山重修大石窟寺碑》，学者们普遍认为，此二像应雕刻于辽代。如是，此像是我们能够看到的云冈石窟雕刻时期最晚的完整石雕造像（图11-2、图11-3）。

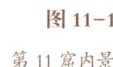

图11-1 第11窟内景

第 11 窟西壁中层北侧，雕刻了宽约 7.4 米、高约 2.4 米的横向开阔式的屋形龛，其下雕刻的七佛立像（其中北侧的两尊佛像风化不存），个个褒衣博带，神采奕奕，不仅是石窟寺七佛题材的突出表现，也是佛教造像艺术中国化的代表作品（图 11-4）。

过去六佛、现在佛和未来佛弥勒佛组成的"三世佛"，是大乘佛教的重要崇敬对象。在云冈石窟，七尊大小、服饰、手印均相同的立佛像出现在一幅画面中，表示过去六佛和现在佛，而未来佛弥勒佛则被置于主像位置或另外的壁面上（第 11 窟中，北壁有一立像已坍塌，与西壁七佛立像处于同层，推测该处的造像应是弥勒佛）。

《魏书·释老志》说："所谓佛者，本号释迦文者，译言能仁，谓德充道备，堪济万物也。释迦前有六佛，释迦继六佛而成道，处今贤劫。文言将来有弥勒佛，方继释迦而降世。"过去六佛、现在佛和未来佛，寄托了佛教永垂不朽的愿望。云冈石窟所雕刻的七佛立像，正是这种愿望的体现。

图 11-2
第 11 窟中心塔柱南面西侧胁侍菩萨

图 11-3
第 11 窟中心塔柱南面东侧胁侍菩萨

值得重点说明的是，第 11 窟东壁上部保存有云冈石窟中雕刻时间最早、文字最多的太和七年（483 年）造像题记，全文 336 字，记述了当时北魏都城大同城里邑师法宗等 54 人"为国兴福"，敬造石庙形象九十五躯及诸菩萨的事迹。可见，这时参与云冈石窟开凿的已有民间的佛教团体。这一造像题记是研究魏碑体形成和发展轨迹不可多得的重要资料，也是云冈石窟现存不多的北魏题记中最有价值的一处。

细观"太和七年造像"单元（图 11-5），其设计之严谨、龛像之多样、雕刻之精美，代表了云冈石窟中期成熟的设计水平和高超的龛像营造能力。围绕题记雕刻的龛像有：中间纵列四层龛像，由下至上分别为三菩萨方形龛、二佛并坐圆拱龛、并列坐佛像圆拱龛、交脚菩萨盝形龛；四层佛龛两侧对称雕刻千佛像龛；铭记两侧雕刻供养人列像；单元上方为天宫伎乐列龛。由龛像设置可知，这是一个以弥勒信仰为主题，将佛教艺术

的多种龛像组合到一起的造像单元。

如太和七年造像题记所述，这一时期，已有社会僧众团体及佛教徒参与云冈石窟开龛造像了，这导致洞窟壁面龛像的布置因无计划性而显得较为凌乱。与此相应，壁面龛像也呈现出多元的特点，表现在三个方面：一是各龛像多有供养人列队雕刻，造像龛下题记位置两侧雕刻供养人，成为大多数龛像的标准配置；二是无论圆拱龛还是盝形龛，两侧多对称雕刻双塔（图11-6），在表达佛教涅槃思想的同时，体现出强烈的艺术装饰意味；三是对盝形龛龛楣的重点刻画，东壁中层的一个盝形龛楣面（图11-7），以双线并在线内置联珠纹的形式，使龛楣看起来更加华丽美观，是一种装饰性的雕刻。

特别值得一提的是第11窟南壁明窗东侧下方的一座高浮雕佛塔，这个高浮雕塔占据了一个佛像龛的位置，与其他造像龛一样，都是佛教信仰者以各自独立雕刻作品的方式来进行供养。此塔为高浮雕三级浮屠，整体结构呈现粗矮壮实的风格（图11-8），是云冈石窟壁面高浮雕塔中的精品。

此三级浮屠和其

图11-4
第11窟西壁七佛立像

图11-5
第11窟"太和七年造像"单元

图11-6
第11窟明窗东壁双塔圆拱龛

图11-7
第11窟东壁中层盝形龛

他壁面浮雕塔最明显的不同，是在塔身两侧雕刻了成对的做供养状的立姿菩萨，塔顶上方还以阴线雕刻了一个华盖。

在云冈石窟，将二佛并坐像与弥勒佛像置于同一位置以表现三世佛的龛像占了很大比例。这些在早期洞窟造像中很少出现的弥勒佛像，成为云冈石窟晚期造像中最具变化的典型创作，也从一个侧面反映了北魏时期弥勒信仰的盛行。在第 11 窟，两个同类型的龛像组合分别出现在南壁的西侧下层和上方。

西侧下层的组合龛上为交脚菩萨盝形龛，下为二佛并坐圆拱龛。这是一个装饰华丽的以弥勒信仰为主题的三世佛龛像组合。二佛并坐圆拱龛外两侧有供养菩萨，龛楣左右两隅雕众供养天人合十礼拜；龛楣面装饰的忍冬纹化生巧丽活泼；龛上一排乐伎飞跃天际。交脚菩萨所坐的盝形龛内有二胁侍菩萨；龛楣两上隅雕刻护法飞天；龛式外两侧纵向雕刻千佛列龛。底层供养天人列像簇拥博山炉；左右两侧纵列对称雕刻的 16 身胡跪在莲花台上的供养天人，将上下两龛紧密联结；最上层为天宫伎乐列龛。

西侧上方的组合龛中，上为交脚菩萨屋形龛，下为二佛并坐圆拱龛（图 11-9）。这个组合龛与第 17 窟明窗 "惠定造像" 一样，龛下中央设置题记、两侧雕供养人，但在装饰上具有新的内容与形式：一是两侧由阁楼式五级佛塔将上下龛紧密联结在一起；二是交脚菩萨所在的屋形龛。此两种变化表明，到云冈石窟中晚期，中国传统建筑形式已成为云冈石窟龛像艺术中重要且稳定的雕刻

图 11-8
第 11 窟南壁明窗东侧高浮雕佛塔

图 11-9
第 11 窟南壁西侧上方组合龛

造型。

第11窟西壁上层还别出心裁地雕刻了一个二交脚菩萨并坐龛（图11-10）。盝形帷幕龛内，两身交脚菩萨端坐其中，左侧菩萨双手抱于胸前，做供养状，右侧菩萨右手举于胸。除手势不同外，穿着、装饰均一致：饰圆形头光，戴宝冠，垂宝缯，面相方圆，上身袒裸，下束长裙。两个相同造像位于同一龛中，是云冈石窟二佛并坐的常见形式，有佛经依据。但将两位交脚菩萨置于同一龛式中，则不见佛经依据。

在第11窟西壁中层的一个圆拱龛下，有一幅佛涅槃图：着袒右肩袈裟的佛陀侧身仰面躺在方形台上，头向北，背后是两棵大树。床头的弟子双手托着佛陀头部，跪在床尾的弟子双手抚佛脚。左右两侧各雕两身着通肩式袈裟的弟子，画面最右侧有一只蹲狮，狮口吐出忍冬花。画面右侧第一位弟子一手托博山炉，一手持物于胸前，第二位弟子双手合十呈供养状。画面左侧第一位弟子双手高捧博山炉，第二位弟子合十做供养状。

涅槃，是指佛的灭度（即去世）状态，是达到了所谓"超脱生死"的境界。涅槃与右胁诞生、降魔成道、初转法轮构成佛的四件大事。印度早期佛教艺术及犍陀罗艺术的不少作品，往往将佛的四件大事安排在同一个画面中予以突出表现。此后，凡是表现佛教艺术的地方，多将佛的涅槃像塑造出来，并且置于重要位置。很多雕刻或者绘画艺术品将佛塑造为闭眼平躺的姿势，

其周围有众多佛弟子形象，还根据《长阿含经》的内容，塑造了一些弟子"悲恸殒绝，自投于地，宛转号啕，不能自胜"的形象。

这种画面出现在许多石窟寺中，但在云冈石窟表现得并不突出，除第11窟西壁的此幅图像外，第35窟东壁楣拱上部、第38窟北壁东侧各有一例，不仅位置隐蔽，而且雕刻得比较粗糙。虽然云冈石窟没有塑造出艺术价值比较高的佛涅槃图，但象征佛涅槃的窣堵坡（安放佛舍利的塔）比比皆是。显然，塔是云冈石窟表现佛涅槃的主要方式。

图11-10
第11窟西壁上层
二交脚菩萨
盝形龛

第12窟

迦陵频伽绝妙音　佛宫交响有天籁

第12窟的洞窟形制与第9、10窟一样，是前列楹柱并具前后室结构的洞窟。1972年，石窟考古人员在第12窟外壁顶部发现了石雕瓦垄、屋脊，结合下方列柱与前室侧壁和柱头内侧浮雕看，此窟外壁应为崖阁式宫殿结构，正脊长约3.6米，脊两端有鸱尾，中央有金翅鸟，下部为四柱三开间，柱头刻四板，栌斗上托额枋，补间人字拱，柱头为一斗三升式样。与此相对应的窟内布局亦是前堂后殿形式（图12-1）。

洞窟前室宽约7.5米，进深约4.1米，高6.65米。前室北

图 12-1　第12窟内景

壁以中央的明窗和窟门为中心，分五层对称布局佛龛，第一层风化严重，第二层为倚坐列佛，第三层为坐佛盝形龛，第四层为坐佛圆拱龛，第五层是乐伎和舞伎。龛像排列整齐、布局紧凑、繁复华丽（图12-2）。

前室东西两壁中层雕刻三间式屋形龛，分别塑造了交脚菩萨、思惟菩萨和交脚佛像、倚坐相的弥勒组合。这是继9、10双窟前室东西壁之后，再次运用的高浮雕构图形式（图12-3、图12-4），使洞窟呈现出对称中有变化的布局，并且直接反映了云冈石窟弥勒信仰的盛行。

两个三间式屋形龛除雕刻主要佛像外，还雕刻了很多其他图像，显得异常华丽。其中西壁的佛龛装饰格外引人注目：一

图12-2
第12窟前室北壁

图12-3
第12窟前室西壁

图12-4
第12窟前室东壁

是顶部中央雕刻的迦陵频伽，二是将屋形龛斗拱雕刻为兽形、兽面。

《佛学辞典》中介绍，迦陵频伽又称迦陵频鸟、迦娄宾鸟、迦陵鸟，也译作好声鸟、美音鸟、妙声鸟，"此鸟产于印度，本出自雪山，山谷旷野亦多……在卵壳中即能鸣，音声清婉，和雅微妙，为天、人、紧那罗、一切鸟声所不能及。在佛教经典中，常以其鸣声譬喻佛菩萨之妙音。或谓此鸟即极乐净土之鸟，在净土曼荼罗中，作人头鸟身形"。

不同于其他鸟形塑造，北魏艺术家将第12窟前室西壁屋形龛顶部的迦陵频伽以接近圆雕的高浮雕形式表现（图12-5）：一只双翼展开的大鸟以健硕的腿爪力蹬屋脊。最引人注意的是此鸟为人首鸟身的形象，在涂染成黄色的面部上，有一双炯炯有神的眼睛，鼻翼宽阔，嘴却是鹰钩状。不仅如此，雕刻者还为其戴上了

菩萨的宝冠，装饰了圆形头光。

将迦陵频伽置于弥勒佛像龛中，意为纳其"音声清婉，和雅微妙"的歌颂之声，也寓意其具有强大的护法力量。

迦陵频伽最早出现在古印度的神话传说中，在东西方文化交流过程中，迦陵频伽的形象不断发生变化。印度早期佛教艺术的代表作品——印度桑奇大塔（约建于公元前3世纪）上，即有迦陵频伽的形象，其人首鸟身的主要特征与云冈石窟第12窟的迦陵频伽大体一致，只是云冈石窟的迦陵频伽还保留了鸟嘴。公元5世纪云冈石窟中的迦陵频伽，不再是印度桑奇大塔上飞行于虚空的形象，而是双爪牢牢抓住屋顶正脊。

将屋形龛斗拱雕刻为兽形、兽面，既是一种艺术化的装饰手法，也是佛教护法理念的体现。此种斗拱形式首先将龛式的四组弓形拱雕刻为侧面伏卧状的狮子形象，其次是将弓形拱和人字拱的正面上方雕刻为兽面形象。

同一屋形龛中既有迦陵频伽，也有兽面、兽形斗拱，这当然是北魏云冈石窟艺术家的有意行为。他们既是工匠艺术家，也是佛教信仰者，企盼弥勒成佛救世，从而设计了歌颂和护卫弥勒佛的雕刻形象。

此外，在第12窟前室的各壁面还雕刻了"降伏火龙"（西壁下层南侧）、"阿育王施土缘"（西壁上层北侧）、"鹿头梵志与婆薮仙人"（西壁上层南侧）、"儒童本生"（东壁上层北侧）、

图 12-5
第12窟前室西壁屋形龛顶部的迦陵频伽

图 12-6
第12窟前室西壁上层"阿育王施土缘"

"降魔成道"（东壁上层南侧）、"四天王奉钵"（北壁明窗西侧）、"鹿野苑说法"（北壁明窗东侧）等佛教故事。

"阿育王施土缘"是云冈石窟较为常见的因缘故事，第12窟前室西壁上层北侧立佛像龛（图12-6），就是这个故事较典型的展现。

"阿育王施土缘"是一个歌颂古印度摩揭陀国孔雀王朝第三代国王阿育王（公元前273—公元前232在位）大力弘扬佛法的因缘故事。

古印度宗教信仰繁多，阿育王扶持各种宗教，尤其注重佛教，他曾经皈依佛教，并曾短期加入僧团。为了推广佛教，他不仅巡行各地，设置专司管理佛教的行政官员，还颁布石刻法敕，立于印度各地，以广泛并长期地宣传佛教思想。阿育王每年向佛教寺院施舍大量钱财，并举行盛大的佛教集会，下令建立了一些佛寺和佛塔。不仅如此，阿育王还派出许

多高僧到印度以外的国家和地区传播佛教，他派出的传教人员曾到达波斯和希腊等国家，对发展佛教有重要影响。阿育王于公元前232年去世，因在推广佛教上的功绩，他被尊崇为"转轮圣王"和"法王"。

云冈石窟所有表现"阿输迦施土缘"的画面，均为"小儿施土"的情节：佛陀立于画面中心，一手举于胸，另一手持钵向下，欲接取小儿所施之"泥土"。持钵之手的下方，即是几个（多为三个）小儿的形象，他们或蹲坐，或爬，或伸手，或踮脚，正向佛的钵中奉献"名为谷者"的泥土。其中那个距佛最近的小儿是后来的阿输迦，他脚踩趴在地上的小儿肩膀，伸手向上做施土状。

婆薮仙人与鹿头梵志的形象出现在第12窟前室西壁上层南侧。坐佛像端坐莲台上，不仅有舟形身光，身光上方还出现了一椭圆形的"光云"。佛像两侧分别雕刻了舒相坐于束帛座上，手握鸟形物的婆薮仙人和手握人头骷髅的鹿头梵志。

婆薮仙人即婆罗门中主张杀生祀天，后堕于地狱的摩揭陀国王，经无量劫，由佛祖解脱而皈依佛门。鹿头梵志通过叩髑髅即可判断其性别、正邪之事。《增一阿含经》卷二十中说，有鹿头梵志，叩诸髑髅知各死相及其生处，但叩罗汉髑髅不知其所。

佛教石窟寺多将外道皈依佛教者塑造为瘦骨嶙峋的梵志形象，云冈石窟也不例外。不仅第12窟如此，出现在第9窟明窗两侧的婆薮仙人和鹿头梵志的这一特点更加突出。

除此之外，第12窟前室还雕刻了大量乐伎、舞伎和乐器，人们形象地将此窟称为"音乐洞窟"（图12-7）。北壁最上层从东到西并列14个天宫乐伎龛，乐伎们分别以担鼓、埙、义觜笛、腰鼓、琴、箜篌、筚篥、琵琶、筝、横笛、排箫、齐鼓等乐器演奏乐曲；天宫乐伎下是16身飞天舞伎。明窗上边和东、西边安排了

图 12-7
第 12 窟前室北壁
上层与部分窟顶

18 个持不同乐器的供养天人乐伎，乐伎面相和悦，栩栩如生；明窗以下的窟门装饰华丽，千佛像列坐窟门楣面中；外圈为一组飞天舞伎，舞姿轻盈，线条雕刻流畅连贯；内圈为一组怀抱乐器的飞天乐伎，做演奏状。窟顶平棋藻井的飞天舞伎，个个彩带飘飞，身形纤柔，环绕在 11 朵莲花周围。南壁列柱上方和东西壁与窟顶相交之处，有以镂空式高浮雕形式雕刻的七身夜叉乐伎（西壁北侧的一身已塌毁），其中五身执弹拨乐器、吹管乐器和打击乐器做演奏状。位于两列柱之间，一个扭腰摆胯，双脚交叉而立，两手合掌，两食指相对的乐伎最引人注意。如果说北壁的众多乐伎、舞伎是宏大歌舞场面的主体，那么，她就是整场歌舞演出的总指挥，面对 170 余身乐伎、舞伎，她以高昂的热情，投入到对这一庞大乐舞队伍的指挥调度中。再现了《弥勒上生经》

中"诸女自然执众乐器竞起歌舞"的壮观场面。

第12窟后室宽约6.4米,进深约4.8米,高约7.1米。方形洞窟设计规范、装饰绚丽、内容丰富(图12-8)。洞窟北壁分两层,上层为清代重塑的倚坐菩萨,下层残存二佛并坐像痕迹。其余壁面分层布龛,龛面装饰略同于第9、10窟。除佛像、交脚菩萨、胁侍、弟子等外,南壁中层还雕了"商人奉食"故事。画面中驮运粮食的马匹和骆驼,为首次出现在云冈石窟的雕刻中。窟顶平棋方格内雕有摩醯首罗天、鸠摩罗天、阿修罗等护法天神。

图12-8
第12窟后室南壁

第13窟 交脚菩萨天然痣 令如帝身皇权敕

第13窟为平面呈椭圆形的大像窟，穹隆顶。主尊交脚菩萨高约13米，上举的右手腕下雕一多臂承托力士，既起到支撑主尊佛像手臂的作用，又具有突出的艺术装饰效果，还体现了佛教的护法思想，是云冈石窟中又一设计精妙的作品（图13-1）。

早在20世纪80年代就有人提出，第13窟不仅是云冈石窟以弥勒信仰为主题的大型穹隆顶洞窟之一，其主像交脚菩萨还是云冈石窟开凿最早的佛像。这一观点的主要依据是交脚弥勒右脚面有两颗石质不同于云冈砂岩的黑色石子，学者们认为这一造像是北魏复法之年"诏有司为石像，令如帝身"（《魏书·释老志》）的作品。这两颗黑石是镶嵌上去的，非常巧合地对应了文成帝身上的痣，目的是为了"如帝身"。另外，第13窟主尊造像在胸饰和背光火焰纹及装饰忍冬纹等方面与云冈石窟早期洞窟造像特征一致，由此推测，第13窟应是云冈石窟的开山之作。

观察现存较好的东壁造像可以发现，此窟北魏的雕刻并未按计划完成，但这一情况恰恰呈现出造像的多样性，仅造像龛的样式，就有圆拱龛、盝形龛、屋形龛和塔形龛四种，其中位于壁面中部的重楣盝形龛和北侧的塔形龛，更是云冈石窟龛式设计中力求变化的代表。

相较于圆拱龛，盝形龛具有更加突出的多样性特征。特别在第13窟和第11窟这种壁面布局复杂、龛式多样的洞窟中，盝形龛的样式表现可以更加丰富、多样化，体现了浓厚的装饰意味。出现在第13窟东壁的一个盝形龛，是由两个盝形龛楣构成的重楣龛式，在云冈石窟中只此一例（图13-2）：用联珠纹

装饰的上下两层 15 个盝形格,以下层中央格坐佛像及其两侧供养为中心,下层六格和上层八格均雕相向飞行的飞天;龛楣下方弧形帷幕上,有飞天手执交叉式璎珞;龛楣顶上整齐排列 16 身供养僧人,龛前下方题记位置两侧雕男女供养人。龛式设计优美,图案构成多样。

该窟南壁保存完好。窟门与明窗间长达 11 米的壁面中,雕刻了七佛的形象(图 13-3)。七佛像脚踩莲花台,褒衣博带,庄严肃穆、容光焕发,每尊都具圆形头光、舟形背光及火焰纹,是云冈石窟晚期造像的杰出代表。印度原始佛教经典讲述过毗婆尸佛、尸弃佛、毗舍浮佛、拘留孙佛、拘那含牟尼佛、迦叶佛和

图 13-1
第 13 窟主尊

图 13-2
第 13 窟东壁盝形龛

图 13-3
南壁第 3 层"七立佛"

释迦牟尼佛七佛的传承，七佛像与主像弥勒交脚菩萨构成三世佛组合。此处的七佛像与第 11 窟西壁大屋檐下的七佛像，代表着云冈石窟七佛雕凿的最高水平。

第 11 窟和第 13 窟等部分中期洞窟中，出现了民众造的龛像。北魏太和年间，不少佛教信仰者本着对佛教的虔诚和对幸福生活的向往，请工匠在自己布施来的石窟的有限空间内，雕凿一个装饰尽量绚丽的洞窟壁面单元。因社会地位和经济能力的不同，也造成了洞窟壁面形态不一、大小不同的龛像布局。龛式下方题记位置两侧的男女供养人，或许正是布施者及其家族成员。

在布满各种龛式的第 13 窟东壁北侧的一个角落，有一座独立的覆钵式塔形龛（图 13-4）。龛底部宽仅有 40 厘米，由于塔太小，往往不被人们注意。此龛其实是在圆拱龛上方加上一个半圆形的覆钵，就像一个开凿于塔中的坐佛圆拱龛。龛内佛陀着袒右肩袈裟，结施无畏印，结跏趺坐于龛中。圆拱龛楣面雕七尊坐佛，二力士托举龙首反顾楣尾。龛外两侧为胁侍菩萨，龛楣上侧和左右两侧

图 13-4
第 13 窟东壁北侧
塔形龛

图 13-5
第 13 窟明窗西壁供养菩萨

图 13-6
第 13 窟明窗东壁供养菩萨

排列演奏琵琶、横笛等乐器的供养乐伎和众供养者。上方的塔形中央雕刻须弥座上的合掌童子，塔刹顶部嵌宝珠。这是迄今为止在云冈石窟中期洞窟中发现的唯一一座单独出现的覆钵塔，从其所处位置及壁面布局看，它应是后来补刻的，并非按最初设计所雕。

　　雕刻于明窗东、西两壁的大型立姿供养菩萨像（图 13-5、图 13-6），在人物姿态、服饰、佩饰等塑造方面，包含了很多外来的佛教艺术特征，如上半身佩戴的缀宝珠的项圈、对称"U"形龙形饰、璎珞、臂钏、腕钏、飘带等佩饰。下半身的贴身长裙也不同于云冈石窟的多数菩萨像，而是以密集阴刻线雕出似细纱质地的大裙，腰间的双结扣系带将大裙固定在胯部。大裙紧贴腿胯，曲线优美，裙带下垂，下摆明显。

值得一提的还有第13窟穹顶，它不仅是云冈石窟顶部雕刻华丽的一例，也是椭圆形洞窟的穹隆顶保存最好的一例（图13-7）。此窟顶在布局上和其他大像窟穹隆顶部相同：主像头顶与窟顶相连，其舟形背光的顶尖也雕上了窟顶，约占据了窟顶总面积的一半，整体设计雕刻颇具计划性和装饰性。

要特别指出的是，该窟顶雕刻除了由北壁延伸至顶部的火焰纹形的主像身光之外，在火焰纹顶尖处还雕刻了两端呈椭圆形的装饰图案，即"光云"，这是我们目前能够在云冈石窟大型洞窟中见到的唯一一处雕刻在顶部的光云。

丁福保的《佛学大辞典》中这样解释"光云"："佛光被于一切，譬之垂天之云。赞阿弥陀佛偈曰：'光云无碍'。"光云

图13-7
第13窟顶部

图 13-8
第 13 窟顶部部分光云雕刻

图 13-9
第 13 窟顶部部分龙身及云朵飞天

虽然是佛的"垂天之云",但并未出现在云冈石窟多数佛像雕刻中,只是出现在较少数的佛像背后的圆光上方,且被雕刻为素面形式。较大型的光云,出现在第 17 窟南壁中层东、西两侧对称雕刻的圆拱龛内坐佛像头顶和第 16 窟窟门东西壁圆拱龛中佛像顶部等。此外,我们在第 9 窟和第 12 窟的前室佛菩萨像背光上也发现了光云。这种佛像专属的光云在云冈石窟也被运用在一些大型弥勒像中,并且被塑造得绚丽多彩。

第 13 窟主尊背光上的光云与上部火焰纹被雕刻在洞窟顶部,并饰以忍冬纹。这是目前发现的云冈石窟中保存最完整,雕刻最精美的光云。此处的忍冬纹是典型的波形忍冬纹,以忍冬的花和果实为组合。果实为橄榄形,置于上下翻卷的茎蔓中心和交叉处,生机勃勃(图 13-8)。

此外,第 13 窟顶部一改其他穹隆顶以飞天形象为主的设计法,整个顶部对称雕刻了两条巨型交首龙。交首龙应是代表了佛教中的难陀和跋难陀两大龙王。在龙身及龙爪之间,雕刻了圆形或椭圆形的似珊瑚的云朵,云朵间有两臂展开的天人在飞翔(图 13-

9）。

　　第13窟周围及以西的小窟小龛被编为第13窟的附属洞窟，多达37座。这些洞窟多是云冈石窟晚期开凿，虽没有严格的规划，但也不乏设计精良、雕刻细腻的龛像。第13-29窟西壁（图13-10）塑造了一尊着褒衣博带的佛像，神清骨秀，为云冈石窟晚期造像风格。这尊佛像旁边有一尊未完成的立姿菩萨像，轮廓清晰，但身上凹凸不平，好像开满"石花"。开龛造像的雕刻过程，在

这里可见一斑。

云冈石窟晚期洞窟雕刻的特点,在第13-6窟和第13-18窟顶部也有表现(图13-11、图13-12)。如佛像背光中熊熊燃烧的火焰,两侧飞天修长婀娜的身姿、流畅的飘带,简约的团形莲花等各类雕刻,组合为一幅幅摇曳流动、赏心悦目的优美画面。

图 13-10
第 13-29 窟西壁造像的佛与菩萨

图 13-11
第 13-6 窟顶部

图 13-12
第 13-18 窟顶部

第14窟 香风香饭众香国 大乘大士共大同

第14窟紧靠山谷,因洞窟开凿于山坡斜面之下,窟内渗水非常严重,造成窟内雕刻剥蚀,南壁及窟顶南侧均坍塌。从石窟残存的状况观察,这是一座形制较为特殊的洞窟。1994年,云冈石窟文物研究所依据洞窟原有痕迹修复了前列柱及窟内立柱,使其现在看起来更像一座具前后室结构的洞窟(图14-1)。

第14窟是继第9、10双窟和第12窟之后又一个具前后室结构的前列柱洞窟,但形制尤为独特:一是外壁的三开间并非庑殿顶,而是满雕千佛像的立壁;二是洞窟四根立柱呈不规则四边形分布;三是窟内仅存的方柱上部为平行无龛式千佛雕刻。

由于北壁常年渗水,洞窟被严重侵蚀,现仅依稀可辨部分背光火焰纹。1992年在对第14窟地面进行考古发掘时,考古人员将风化严重的北壁前地面揭开后,一双大脚及双腿间下垂的三角状衣褶显露在壁面中间(图14-2),其上方的双腿轮廓也十分明显。随着揭开面积的扩大,一座短轴长约3.2米,长轴长约4米的椭圆形高浮雕莲花台出现在眼前,顺着壁面向上,穹隆顶北侧残存火焰纹。由此明确,这是一尊立姿佛像,与云冈石窟不少大型造像一样,其背光一直延伸到洞窟顶部。结合壁面上方残存的桃形头光分析,洞窟的主像应是一佛二菩萨组合。

云冈石窟中多见高大的佛、菩萨像，但脚踏团莲、头抵穹隆顶的立姿大佛像，仅有昙曜五窟中的第16窟和第18窟两例，新发现的第14窟主像成为第三尊同类型的立姿佛像。不仅如此，穹隆顶大像窟中以立佛像为主尊的一佛二菩萨组合，仅第14窟一例。

第14窟曾经是一个以大型一佛二菩萨为主像、有计划开凿的中型洞窟。前后室东西两壁的雕刻与正壁（后室北壁）主像相呼应，龛像基本对称，雕刻设计严谨。除下层部分龛像为晚期补刻外，中上层均是当时有计划开凿的龛像。

后室东西壁分三层，中、上层龛像对称，中层为较大、较深的坐佛像圆拱龛，龛外两侧为三层出檐阁楼式装饰塔。上层是盝形、圆拱组合龛，中间为交脚菩萨盝形龛，两侧为坐佛像圆拱龛。前室东西壁的造像不完全对称，但均分五层雕刻。

从龛像样式看，无论后室北壁主像，还是前后室东西两壁的龛式造像、壁面布局、塔形装饰，均体现了云冈石窟中期风格，与第6窟龛像布局和形象特点有明显的相近性。

后室除方形立柱的千佛雕刻（图14-3）外，东西两壁的雕刻亦清晰可辨，前室西壁也保存较好（图14-4）。

图14-1
第14窟内景

图14-2
1992年在第14窟北壁下层发现的佛像双脚

位于前室西壁南侧的小型长方形龛雕刻了维摩诘经变的故事（图14-5）。此处的维摩诘和文殊菩萨与云冈石窟多数"文殊问疾"画面中的形象一样，维摩诘手举麈尾凭几而坐，文殊菩萨虽然头部与上半身风化，但根据残存轮廓可判断出其面向维摩诘而坐的姿态。与其他"文殊问疾"画面不同的是，维摩诘与文殊菩萨之间站立着一位身着菩萨装的人物形象，右手提如意钵，左手提莲花状物件，面向维摩诘。曾有人认为这是《维摩诘所说经·香积佛品》中的内容，后有学者考证为《观众生品》。云冈石窟并不缺少《香积佛品》相关内容的雕刻，往往以在文殊菩萨与维摩诘对坐图像上方雕刻手捧食钵的飞天来表现。我们不妨在此将这段有趣的故事叙述一番。

《香积佛品》中叙述了维摩诘居士化作菩萨，自众香国香积

如来处化来香饭的故事：在很远的上方世界佛土众香国里，一切由香气组成，众生嗅觉敏锐，所以那里的香积如来用香味大做佛事，闻香即度生。同下方娑婆世界众生听觉敏锐，佛陀用说法度生一样，两者殊途同归，都能达到净土。维摩诘居士在娑婆世界讲经，快要到吃饭的时间了，舍利弗就想，众菩萨以何为餐？维摩诘知他所想，对他说："佛已经讲了八解脱法，你已经受行，为何还掺有杂念来听法呢？想要吃饭，再等一会，我让你吃到从未见过的食物。"维摩诘随即进入三昧之中，以他的神通力量，向大家展示了众香国里诸菩萨用餐的即时景象。维摩诘问众菩萨："各位仁者，你们谁能到香积佛土化斋饭来供养大众呢？"大家都沉默不语。维摩诘身在法会中，没有离开座位，却化作菩萨，并交代化菩萨说："你从此向上方世界，经过四十二恒河沙佛土，有佛国称众香，有如来佛号叫香积，正与诸菩萨共坐进餐，你到那里代表我对他说：'维摩诘顶礼世尊足下，想要获得香积如来的香饭，还想请香积如来能到娑婆世界大做佛事，使那些乐于小乘佛法的人们回小向大，得以弘扬大乘的妙法，也能使香积如来

图 14-3
第 14 窟后室方形千佛立柱

图 14-4
第 14 窟前室西壁

图 14-5
第 14 窟前室西壁南侧"维摩诘经变"

的名声普闻于娑婆世界。'"经中说：化菩萨到香积国，"既受钵饭，与彼九百万菩萨俱，承佛威神，及维摩诘力，于彼世界忽然不现。须臾之间，至维摩诘舍。时，维摩诘即化作九百万师子之座，严好如前，诸菩萨皆坐其上。时，化菩萨以满钵香饭与维摩诘，饭香普薰毗耶离城，及三千大千世界。时，毗耶离婆罗门居士等，闻是香气，身意快然，叹未曾有"。

第14窟前室西壁中、上层和后室东、西两壁上层，出现了四组由不同龛式构成的组合单元。组合形式均为上、下两层，三小龛在上，一大龛在下。上三龛为坐佛像与交脚菩萨像（图14-6），下龛为二佛并坐像。尽管上层三龛中佛菩萨间的位置有所变化，但都是表达三世佛思想的龛像组合。这种在云冈石窟较为普遍的龛像组合形式，在不同洞窟或不同壁面上，都有不同的艺术表现，这也表明云冈石窟龛像艺术正由中期向晚期过渡。

在造像方面，第14窟继承了修建较早的第7、8窟主像三世佛的造像配置，并通过龛像的组合，将二佛并坐、坐佛像和交脚菩萨置于一幅画面中（对称的二佛并坐像和坐佛像，往往不在同一洞窟或同一洞窟壁面上）。在龛式方面，第14窟在继承圆拱龛、盝形龛的基础上，别出心裁地雕刻了宝盖两侧下垂流苏纹的新龛式，为方形龛的出现奠定了基础（图14-7）。在装饰方面，窟中组合龛两侧的装饰塔和顶部雕刻，龛

楣、龛柱，龛内、外的人物和纹饰等，均为不同的内容和形式。

组合龛圆拱龛内佛、菩萨的身体比例适当，显示了雕刻者娴熟细腻的技法。佛像着宽博袈裟，露僧祇支，胸前无结带，衣纹流畅（图14-8）。菩萨身形曲线明显，服装亦显宽博，十字帔帛无穿环。菩萨冠饰为三圆日月冠，似受波斯影响。

第14窟既有云冈石窟中期常见的龛式，也有晚期常见的龛式。

图 14-6
第14窟前室西壁交脚菩萨龛

图 14-7
第14窟前室西壁中层组合龛像

图 14-8
第14窟前室西壁中层组合龛圆拱龛内二佛并坐

后室东、西壁圆拱龛楣尾的二龙反顾,龛旁的三层出檐阁楼式塔与楣沿璎珞交叉等样式,是云冈石窟中期常见的几种装饰手法的糅合;盝形龛与圆拱龛的组合,则是晚期常见的组合形式;前室中部组合龛中圆拱龛楣尾的鸟首反顾、楣面波浪式忍冬纹出化生鸟形等样式,是第6窟和五华洞常见的题材;组合龛中宝盖龛两侧下垂流苏,圆拱龛龛柱上端童子莲花化生等形式则多在晚期窟中出现(图14-9)。其中宝盖龛两侧下垂流苏的龛形,既是云冈石窟首次出现的新龛式,也是晚期石窟中方形龛的雏形。

图 14-9
第14窟前室西壁上层坐佛像圆拱龛

第15窟 千人千佛千秋赞 万民万善万代传

第15窟平面呈长方形,窟门窄小,为晚期石窟。窟内四壁雕满坐佛小龛,是云冈石窟保存佛像最多的洞窟,初步统计,共有10600余尊。因此它被称为云冈石窟的"千佛洞"(图15-1)。

关于"千佛"题材,佛经有不少叙述,其中《杂宝藏经》中所载"鹿女夫人缘"故事可能是关于"千佛"的最早记载。

第15窟北壁,上有盝形帷幕龛内交脚弥勒,下为圆拱龛内二佛并坐像(图15-2),是以弥勒信仰为主题的三世佛组合。其余壁面则为千佛雕刻。

窟内东西两壁除千佛雕刻外,中层壁面雕刻的佛像龛颇为引人注意。两壁都雕刻了双层重龛(外为方形龛,内为圆拱龛)或多层重龛(外为方形龛,内为圆拱龛,圆拱龛两侧有宝盖龛),是云冈石窟中晚期出现的龛形组合形式。位于西壁北侧的多层重龛,是云冈石窟规模较大的晚期龛像组合的代表作品(图15-3):此重龛高2.54米,宽2.22米。内为圆拱龛,置主像坐佛及其两侧的胁侍菩萨。龛楣面雕刻13尊坐佛像,内外沿分别以相向飞天和手执华绳飞天为边饰,楣尾有回首金翅鸟立于龛柱上,庄严华丽。外为方形帷幕龛,顶部饰三角间宝珠纹、鳞纹、下垂折叠式帷幕和弧形帷幕,两侧挽结帷幕下垂飘扬,最外两侧垂流苏。圆拱龛楣上方的一排千佛像龛,龛楣两侧雕众供养者;龛柱两侧的宝盖龛下有踏莲立佛像。不同龛式布局合理、过渡自然、浑然一体。

此外,洞窟西壁中层南侧的两个坐佛像圆拱龛,亦内容丰富、形式活泼(图15-4)。圆拱龛上部雕刻了演奏栻、腰鼓、箜篌、

阮咸、横笛、钹、毛员鼓、筚篥等乐器的飞天乐伎，这些乐伎身材修长、飘带翻飞、动作自如、相向而舞，是云冈石窟晚期乐伎形象的代表作。除枳和腰鼓外，其余乐器均分别于两龛上部的相同位置重复出现。

与两个圆拱龛对应的是其上方的两个三间式盝形龛与宝盖龛的组合。这两个几乎一样的龛式组合中有几乎一样的佛像：盝形龛明间为交脚菩萨，左右梢间为立姿供养菩萨。两侧宝盖龛内则是站在莲花台上的立佛像，其脚下的儒童说明，此立佛像应是过去定光佛。显然，这是与盝形龛内弥勒构成的过去佛与未来佛的组合，而现在佛就端坐在下方的圆拱龛内，三世佛的表达再次出现了新的形式。龛式下方即两个圆拱龛上方二狮蹲坐，簇拥博山炉，两侧还雕刻了水池（图 15-5），碧水清波、水草荡漾、鱼儿游弋，鸟儿嬉戏，好一派自在悠闲的景象。这不仅是歌颂大自然的艺术表达，也是云冈石窟的独特样式。

图 15-1
第 15 窟内景

图 15-2
第 15 窟北壁

图 15-3
第15窟西壁北侧多层重龛

图 15-4
第15窟西壁南侧龛像

图 15-5
第15窟西壁中层飞天与水池

第 16 窟 昙曜五窟是为首 帝王英俊佛影古

第 16 窟位于云冈石窟西部窟区的东端，也是昙曜五窟（第 16 窟至第 20 窟）最东端的一个洞窟，由此向西依次为第 17 窟至第 20 窟。

昙曜五窟是云冈石窟开凿最早的洞窟（图 16-1）。其规模宏大，造像雄伟，集世界佛教石窟造像精华，聚东西方石雕艺术典范，是最有代表性的佛教石窟造像之一。

《魏书·释老志》中所记载的"于京城西武州塞，凿山石壁，开窟五所，镌建佛像各一"，与今天我们看到的第 16 窟至第 20 窟五个大型单窟室的大像窟相吻合。这五个洞窟的开凿是由昙曜向北魏皇帝建议的，因此得名"昙曜五窟"。

昙曜五窟从东到西绵延约 100 米，窟前地面平坦宽敞，视野开阔。雕刻千佛的外壁虽然风化严重，但我们仍能从残留的痕迹中领略到曾经的壮观景象。

昙曜五窟设计之精妙、规模之宏大、气势之恢宏，给人以强烈的震撼。五个大像窟的主像姿态各有特色，立佛像（第 16、18 窟）、坐佛像（第 19、20 窟）、交脚像（第 17 窟）俱全。昙曜五窟的营造是世界佛教石窟建造史上罕见的现象，它特殊的艺术风格与当时社会的政治需要有关。《魏书·释老志》记载："兴光元年秋，敕有司于五级大寺内，为太祖已下五帝，铸释迦立像五，各长一丈六尺，都用赤金二十五万斤。"昙曜五窟是继五级大寺后，又一次为北魏五位皇帝（道武帝、明元帝、太武帝、景慕帝、文成帝）造像。

以佛像象征皇帝的做法，有悖于原始佛教中出家人不拜皇帝、父母的传统，但这一传统显然不适用于中国的实际情况，"普天之下，莫非王土"的皇权思想不会因为佛教的传入而更改。道武帝时的道人统法果就带头礼拜皇帝："初，皇始中，赵郡有沙门法果，诫行精至，开演法籍……初，法果每言，太祖明睿好道，即是当今如来，沙门宜应尽礼，遂常致拜。谓人曰：'能鸿道者人主也，我非拜天子，乃是礼佛耳。'"（《魏书·释老志》）此举产生了佛教的中国化，而佛教的中国化也造就了中国化的佛教。

既有秣菟罗佛像艺术风格，也有犍陀罗佛像艺术的特色，当是昙曜五窟造像的重要特点之一。

在云冈石窟开凿过程中，北魏非常注重采纳印度及西域诸国成熟的佛教文化。有《魏书·释老志》为证：

> 太安初，有师子国胡沙门邪奢遗多、浮陀难提等五人，奉佛像三，到京都。皆云，备历西域诸国，见佛影迹及肉髻，外国诸王相承，咸遣工匠，摹写其容，莫能及难提所造者，去十余步，视之炳然，转近转微。又沙勒胡沙门，赴京师致佛钵并画像迹。

云冈石窟早期造像中的坐佛像，如第19窟和第20窟主像、第17窟东壁坐佛等，皆双肩宽阔、胸部厚实、身材魁伟，身体略略前倾，多具秣菟罗佛像艺术风格。而立佛像则着通肩袈裟，如第20窟东胁侍佛、第17窟西壁立佛、第18窟东西两壁立佛的穿着，这种服装样式源于犍陀罗艺术。

昙曜五窟在形制上均为上开明窗、下辟窟门的高大洞窟，平面呈椭圆形，穹隆顶。主要造像为"三世佛"，佛像形体高大，广颐、短颈、宽肩、厚胸，造型雄健，着通肩或袒右肩式服饰。菩萨则斜披络腋，胸前饰璎珞。

图 16-1
昙曜五窟外景

在葱岭（今帕米尔高原）以东、以西地区，最早的石窟巨像是位于新疆拜城、库车的龟兹石窟。昙曜五窟的种种特点是在融合了多元文化艺术的基础上形成的。在服饰方面，既有中亚犍陀罗后期流行的样式，又有印度芨多时期秣菟罗流行的样式。在造型方面，与新疆、甘肃及其以东地区的石窟寺早期佛像多有相似之处，但雄健之姿更为突出。

第16窟主尊为立佛像，高约13.5米，发髻呈波纹状，面貌俊秀，褒衣博带，身材挺拔。多数学者认为，这尊佛像表现的是当时在位的文成帝拓跋濬。《魏书·释老志》记载，昙曜将武州山"开窟五所"的消息奏报给的那位皇帝，正是拓跋濬。拓跋濬是开凿石窟时的皇帝，对石窟的开凿有着巨大的影响。

第16窟虽属云冈早期石窟，但主尊佛像的造像风格及所着褒衣博带服装，都显示了云冈石窟中后期的特点（图16-2）。这说明此窟虽已在早期开凿，但现存主佛立像是后来雕凿的。

第16窟除北壁外的其他壁面均雕刻了一些佛龛，有二佛并坐、一佛二菩萨、交脚弥勒和千佛造像龛（图16-3），这也是云冈石窟早期洞窟的一大特点。虽然第16窟着褒衣博带的主佛像为中期造像，但其他龛像多为早期雕凿，其中不乏精品，其主要特点如下。

首先是壁面龛像的对称安排，最具代表性的是南壁中层东西两侧的坐佛像圆拱龛。此龛不仅规模宏大，设计雕刻上也更为精细。两个圆拱龛龛楣外左右上隅均出现了云冈石窟最早的乐伎雕刻（图16-4a、4b）。演奏担鼓、笙箫、埙、排箫、腰鼓、义觜笛、海螺、琵琶、钹、齐鼓、箜篌、胡笳、毛员鼓等乐器的供养天人乐伎，雕刻细腻，形象生动。西侧圆拱龛龛楣上的乐伎高髻挺拔、络腋贴体、飘带流畅，具圆形头光；东侧圆拱龛龛楣上的乐伎则发式各异，有的将头发向后梳，有的将头发分向两侧，有的向左、中、右三个方向梳开，还有的有刘海，变化多样。

图16-2 第16窟主像

圆形头光雕刻双层边线，衣服的飘带随乐伎身体的摆动而飘扬。东西两侧雕刻的乐伎，虽对称布局，但细节各有特色，乐伎的发式不同，姿态亦有不同。云冈石窟早期出现的乐伎乐器，不仅在乐器的雕刻上具有"率先垂范"的作用，在乐伎人物的塑造方面，也变化多样。

其次是明窗与窟门间三龛的样式（图16-5），即中间为坐佛像圆拱龛，两侧为交脚菩萨盝形龛。在突出现在、未来佛的同时，将两个交脚菩萨塑造得细致入微：无论菩萨的面容，还是其持净瓶的手形（图16-6），都是那样自然逼真，具有强烈的艺术感染力。交脚菩萨像的大裙下边缘雕刻的折叠式花纹，繁复细致，这种图案看上去并不像波形花纹，更像是由上下两

图 16-3
第 16 窟内景

图 16-4a
第 16 窟南壁西侧坐佛像圆拱龛龛楣右上隅的乐伎

图 16-4b
第 16 窟南壁西侧坐佛像圆拱龛龛楣左上隅的乐伎

图 16-5
第 16 窟南壁明窗
与窟门间三龛

图 16-6
第 16 窟南壁明窗
与窟门间东侧交
脚菩萨手持净瓶

个正三角形对置所组成的几何图案,是云冈石窟佛、菩萨像服饰图案中的精品。

再次是龛像下塑造的托举力士。在第16窟,托举力士(地夜叉)(图16-7、图16-8)被雕刻为只着犊鼻裤,头大腿短,身形壮硕的模样。北魏司马金龙墓中出土的石雕帐座、浮雕棺床中就有相似的形象。

特别要说的是佛陀二弟子像的塑造。佛陀有十大弟子,但经常追随他左右的是摩诃迦叶和阿难。在第16窟东壁和南壁相衔接的弧形壁面上,千佛像下的二佛并坐圆拱龛两侧,倚坐于束帛座上的就是摩诃迦叶和阿难的形象。两位弟子身穿田相衣,身姿丰满、笑意盈盈、神态自若。龛右侧颧骨凸出、眼窝深凹者应为摩诃迦叶(图16-9),左侧眉清目秀者应为阿难(图16-10)。摩诃迦叶颈上还纵横排列着表示颈骨肌肉的凸出椭圆形,更加明显的是额头上并排凸出的三个圆形,是为"摩诃果相"。因梵文中"摩诃"解作"大",也为"般若"者,即为

图16-7
第16窟南壁南侧大型圆拱龛下右侧托举力士

图16-8
第16窟南壁南侧大型圆拱龛下左侧托举力士

大智慧，因而摩诃迦叶也名大迦叶。

第 16 窟门外东侧的附属洞窟，为第 16-1 窟。虽然窟南壁坍塌不存，但窟内留存的佛像龛依然彰显了其布局整齐、造像精美的特点（图 16-11）。遗憾的是，该窟北壁三层龛像中，上层中间龛，中层中间龛和东侧龛，均已是大窟窿。这并非自

图 16-9
摩诃迦叶形象

图 16-10
阿难形象

然风化坍塌，而是在20世纪上半叶惨遭盗窃！那些盗窃者虽然早已不在人世，但这种强盗行径永远不可饶恕！如今参观云冈石窟的人们只能从1905年的照片中看到这些精美的雕刻了（图16-12）。

第16-1窟西壁上层龛像北侧残存一幅"商人奉食"图（图16-13）。图中雕刻了五位头戴圆形毡帽，身穿对襟上衣，系腰带，虔诚合掌的供养人像，在他们的下边，两匹背上搭着粮食口袋的马正走向佛陀。这是我们

图16-11
第16-1窟

图16-12
第16-1窟老照片

图 16-13
第 16-1 窟西壁
上层龛像北侧
"商人奉食"

在云冈石窟见到的最生活化的画面，也是表现供养人向佛陀供养食物最直接的形象。供养物不用手捧，而以马驮，表明了数量之多，也展现了中国北方民族豪爽大方的性格特征。

第17窟　舍利幻化摩尼珠　刻铭求得疾患除

第17窟内主尊佛像高约15.6米，形体高大，占据了洞窟的较大空间，是云冈石窟中交脚弥勒菩萨第一大像（图17-1）。其面部、胸部、腰部风化严重，双臂也已风化损毁，但仍可看出薄衣贴体的外来艺术特征，胸前的龙形纹饰是交脚菩萨服饰的特点之一。主尊两侧的壁面，分别塑造了着贴体通肩大衣的坐佛像和立佛像（图17-2）。佛像肉髻高耸、面部丰满、胸肩厚实、身体匀称、挺拔健硕、慈祥威严。二佛像与主尊造像组成了以交脚弥勒菩萨为主题的三世佛布局。主尊交脚弥勒菩萨既是佛教三世佛之未来弥勒佛，也象征了没有即位就死去的景慕帝拓跋晃。

太子没有继位就逝去的情形在历史上虽然不稀奇，但北魏平城时代（公元5世纪上半叶）发生的这一事件却有着非同寻常的原因，那就是"太武灭法"。

公元5世纪，佛教及其艺术形式逐渐在中国广大地区流行和传播。拓跋氏进入中原后，在吸收大量汉文化的同时也接受了佛教，皇帝信仰佛教，甚至将佛教奉为国教。拓跋氏政权为对广大汉族地区实行有效的统治，大量任用汉族官员辅佐理政。太武帝拓跋焘在位时，不仅信仰佛教，也信仰道教，并任命道士寇谦之的弟子崔浩为司徒。崔浩经常对太武帝进言排斥佛教。因崔浩能言善辩，太武帝非常相信他，于是寇谦之的道教思想渐渐深入皇室，"世祖欣然，乃始崇奉天师"，后遂改年号为太平真君（440）。

太平真君六年（445）冬，如《魏书·释老志》中所载：

图 17-1
第 17 窟主尊

会盖吴反杏城，关中骚动，帝乃西伐，至于长安。先是，长安沙门种麦寺内，御驺牧马于麦中，帝入观马。沙门饮从官酒，从官入其便室，见大有弓矢矛盾，出以奏闻。帝怒曰："此非沙门所用，当与盖吴通谋，规害人耳！"命有司案诛一寺，阅其财产，大得酿酒具及州郡牧守富人所寄藏物，盖以万计。又为屈室，与贵室女私行淫乱。帝既忿沙门非法，浩时从行，因进其说。诏诛长安沙门，焚破佛像，敕留台下四方，令一依长安行事。

"太武灭法"以国家权力强压实施，使"土木宫塔，声教所及，莫不毕毁矣"。尽管如此，也没有动摇皇太子拓跋晃以及一部分僧人信仰佛教的决心。拓跋晃阻止不了太武帝颁发焚寺灭僧的诏书，然而作为"太子监国"的他缓宣诏书，为沙门们争得了宝贵的时间，"四方沙门，多亡匿获免，在京邑者，亦蒙全济。金银宝像及诸经论，大得秘藏"，为佛教今后的"东山再起"保存了力量。

皇太子拓跋晃因太武帝灭佛法忧郁而死，尚未继位就离开了人世。他的儿子拓跋濬继位为文成帝后，不仅恢复崇尚佛法，还倡导开凿了昙曜五窟，我们推测，他将父亲拓跋晃塑造为菩萨形象，专门置于一个大型洞窟之中，即现在的第17窟。

进入第17窟，地面遽然降低了许多，主像腿的一部分及双脚低于洞窟外地面。专家认为原因大概有两个：一是有意的安排，即将地面降低，使人物形象"下地三尺"，表明这是一个没有继位的皇太子；二是由于雕凿过程中出现了失误，造像各部位尺寸比例产生了误差。

除北壁主像交脚弥勒菩萨外，东西两壁大型坐佛像和立佛像盝形龛、南壁东西两侧的坐佛像圆拱龛等窟内主要龛像的设计雕

图 17-2
第 17 窟西壁立佛像

图 17-3
第 17 窟东壁禅定坐佛像

图 17-4
第 17 窟东壁坐佛像背光中的火焰摩尼宝珠和背光外飞天接托摩尼宝珠

刻,都值得人们去深入了解。

作为保存早期龛像较多的洞窟,第 17 窟北壁交脚弥勒菩萨像、东壁坐佛像、西壁立佛像等主要造像都是佛教修行者的重要禅观对象。而东壁盝形龛内坐佛像(图 17-3),不仅双手结禅定印,其头光和背光中还出现了多样的摩尼宝珠,这是表现佛教禅修思想的作品。

出现在这一坐佛像周围的摩尼宝珠有三种,共 26 枚(图 17-4)。火焰摩尼宝珠体现了摩尼宝珠来自佛舍利的佛教理念,即"诸过去久远佛舍利,法既灭尽,舍利变成此珠,以益众生"。

佛像龛顶背光左右两侧,飞天以单手臂接托一个呈椭圆形,

由底盘、主体和核心三部分组成的摩尼宝珠。这是云冈石窟中最具"动感"的摩尼宝珠形象(图 17-5)。

早期供养菩萨的形象主要塑造在南壁东西两侧坐佛像圆拱龛外的左、右两侧(图 17-6、图 17-7)。供养菩萨形象及其服饰、佩饰都是云冈石窟早期造像中最具代表性的作品。菩萨头顶化佛宝冠,宝冠上雕刻化身飞天,宝冠两侧翻飞的宝缯在菩萨的桃形头光衬托下,显得更为灵动。这一样式被沿用于第 6 窟弥勒菩萨的塑造中;头顶摩尼宝珠冠的菩萨,也

出现在第 6 窟中心塔柱上层的八大菩萨中。菩萨的佩饰和服饰亦具代表性：扁平状的项圈由肩部垂至前胸呈"U"形，其上饰以橄榄形和圆形间隔的璎珞，戴臂钏和腕钏，着由左肩斜披至右侧胯部并下垂到大腿的络腋。云冈石窟早期菩萨像的主要特点在这里表现得淋漓尽致。

图 17-5
第 17 窟东壁坐佛像龛顶左侧飞天接托摩尼宝珠

图 17-6
第 17 窟南壁东侧圆拱龛东侧供养菩萨

图 17-7
第 17 窟南壁东侧圆拱龛西侧供养菩萨

胡跪供养天人的形象多雕在东西两壁大型盝形龛左右内侧，（图 17-8、图 17-9），面向佛陀纵向排列跪拜。供养天人形象具有共同的特征：人物身体比例适当，胡跪合十，姿势自然协调，紧身衣服的阴线雕刻有序，飘带线条流畅柔和。高髻简洁大方，面庞丰满、弯眉细长、鼻梁挺直、嘴角上翘，含蓄的微笑流露出无限虔诚。

明窗东壁的交脚菩萨以及二佛并坐的"惠定造像"（图17-10）表达的是弥勒信仰。

"惠定造像"是一个造像与铭记内容一体化的组合，也是一个三世佛造像单元。这种单元组合，不仅符合弥勒信仰的宗旨，亦是云冈石窟自早期（昙曜五窟）就突出表现的三世佛主题的延续和深化。因此，云冈石窟的弥勒信仰，始终伴随着三世佛主题的塑造而存在。也就是说，在云冈石窟，无论是官方的营造，还是民间的开凿，在宗教意义的表达上，都具有严格的规范。

最为珍贵的是雕刻在龛下的《惠定造像铭》，铭曰："大代太和十三年，岁在己巳，九月壬寅朔，十九日庚申，比丘尼惠定身遇重患，发愿造释加（迦）、多宝、弥勒像三区（躯）。

图 17-8
第 17 窟西壁佛像龛内侧供养天人

图 17-9
第 17 窟西壁佛像龛内侧供养天人

愿患消除，愿现世安稳，戒行猛利，道心日增，誓不退转。以此造像功德，逮及七世父母、累劫诸师、无边众生，咸同斯庆。"（图17-11）。

通过此铭记，我们可得出两点认识：一是云冈石窟营造工程的社会性，二是北魏平城时代佛教弥勒信仰的普遍性。由此出发，我们来观察《惠定造像铭》上方的石刻图像：造像分两层，下层为二佛并坐圆拱龛，即过去多宝佛和现在释迦佛；上层为三间式盝形龛，明间为交脚菩萨狮子座，即处于兜率天内院的弥勒菩萨；两梢间为对称舒相坐思惟菩萨。

图 17-10
第17窟明窗东壁
"惠定造像"

图 17-11
第17窟明窗东壁
《惠定造像铭》

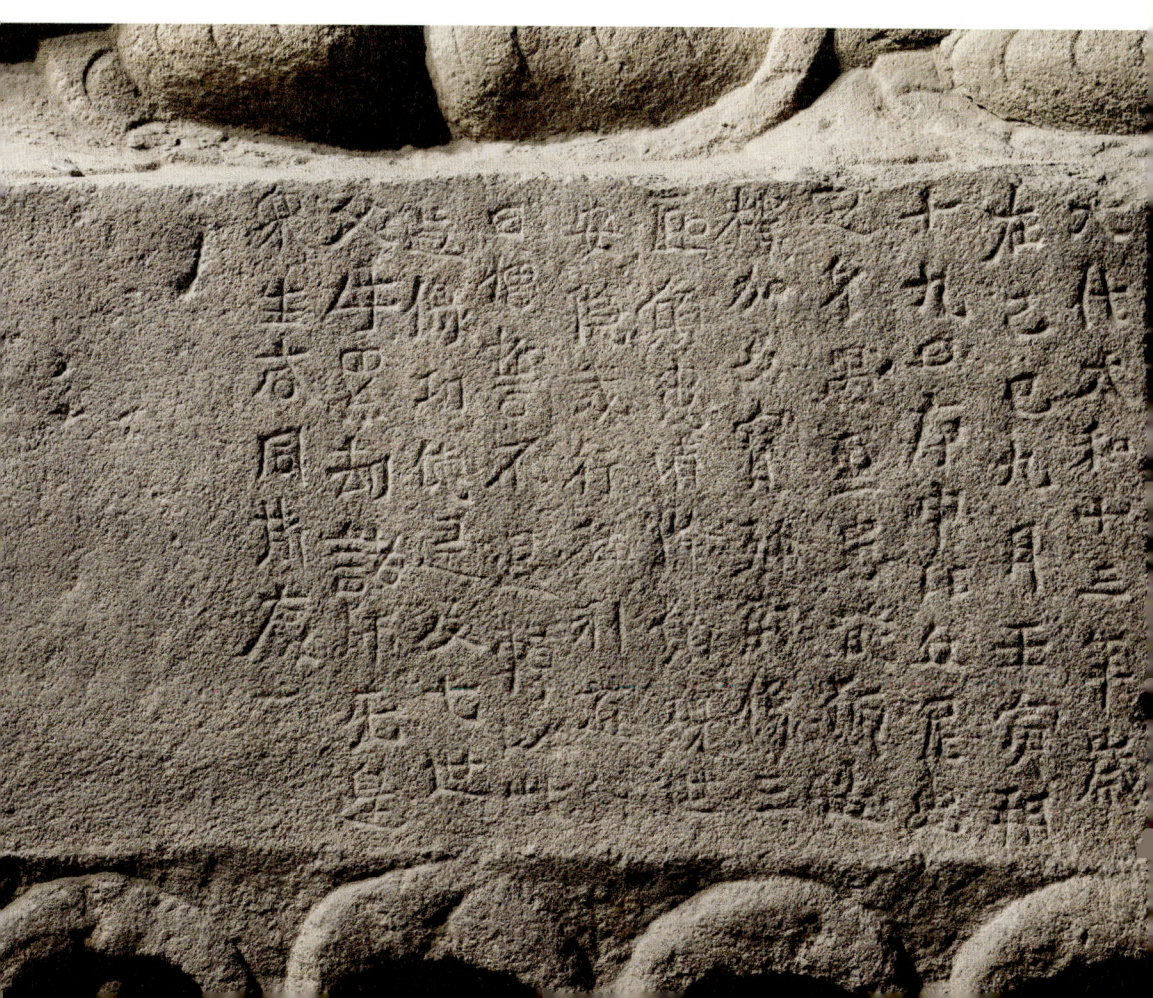

第18窟 尊像袈裟化千佛 迦叶外貌是佛陀

进入第18窟,北壁及其两侧的高大立佛像即映入眼帘。洞窟恢宏的气势、佛像挺拔的身姿,使18窟成为云冈石窟最具震撼力的雕刻之一。该洞窟是昙曜五窟中雕刻内容比较丰富的一个(图18-1)。主尊为立佛像,高约15.5米,身披千佛袈裟,气宇轩昂,其抚胸的左手细腻丰满,生动逼真,不失为古代艺术雕刻中写实与写意有机结合的典范。据说,这一主像象征太武帝拓跋焘。

主尊佛像(图18-2)袈裟上雕刻的坐佛与背光中的小坐佛像,都是佛陀法身化出的无数无量的化身,要去往十方世界化度众生。《佛说观佛三昧海经》中说:"一一华上无量无边微妙化佛,方身丈六,如释迦此相现时,佛身毛孔八万四千诸宝莲华。一一华上八万四千诸大化佛身量无边。如是化佛身诸毛孔。"

第18窟东西两壁的胁侍佛像(图18-3),身穿通肩大衣,是犍陀罗佛教艺术的特点之一:领口由右肩下滑至胸回披左肩,衣纹由两肩下垂在中心会合,呈层层"U"形。

主佛像的两侧分别雕刻了胁侍菩萨和佛陀的十大弟子,这是云冈石窟中体现佛陀及其胁侍最为隆重庄严的造像组合。关于佛陀的十大弟子,不少佛经中都有对其具体名称和特点的描述:一、舍利弗,智慧第一;二、目犍连,神通第一;三、摩诃迦叶,头陀第一;四、阿那律,天眼第一;五、须菩提,解空第一;六、富楼那,说法第一;七、迦旃延,论义第一;八、优婆离,持律第一;九、罗睺罗,密行第一;十、阿难,多闻第一。

十大弟子,各执一法,十个第一,随其乐欲。这些弟子的个

图18-1
第18窟主佛像及其东侧胁侍佛与南壁

图 18-2
第 18 窟主尊佛像上半身左侧

图 18-3
第 18 窟西壁立佛像

个法门，皆从佛得成，于佛边受功德，所以"乐味供养，恭敬报佛恩，故在佛边住"。于是在佛教艺术的塑造中，就把弟子像安置于佛陀两侧。

雕刻于第18窟主尊佛像两侧的十大弟子像由于风化，西侧的五身轮廓尚清楚，面目却早已模糊不清。东侧的五身保存较为完好（图18-4），他们神态各异，姿态不一。其中一位处于主像东侧菩萨右上方的弟子像显得非常特别（图18-5），其头像（包括脖颈）为圆雕，后脖颈与壁面相连，整个头部凸出在壁以外。雕刻刀法娴熟、细致入微，人物面貌具有浓厚的异域情调，深目高鼻、笑容可掬，一改佛教造像"笑不露齿"之传统，一排整齐的牙齿显露在外；眉头对称卷曲，象征了西方人卷曲的毛发，也渲染了人物的欢悦情感；后倾的额头，代表了智慧；额头两颊回缩，面部颧骨凸出；额头发际间凸出的圆形"摩诃果相"印记，表明其具有深厚的佛法造诣。与云冈石窟大部分造像不同，此像具有很强的写实性。

图18-4
第18窟主佛像东侧弟子群像

图18-5
第18窟主佛像东侧胡相弟子

十大弟子中，位于主佛像东侧中上层南侧的一位，头顶有圆润的肉髻，身着通肩田相衣，右手于胸前结施无畏手印，左手轻握莲蕾置于腹上，笑容满面（图18-6）。其姿态和笑容与其他弟子无异，但又有着鲜明的四个特点。

一是头顶上雕出肉髻。肉髻是佛陀独有之相。这个"冒天下之大不韪"具有肉髻的弟子，如若不是与其他弟子像同在一处，多数人大概会将其当作佛陀来礼拜。

二是结施无畏印。在云冈石窟，佛菩萨像多有此种手印。弟子像结施无畏印者仅此一例，结合头顶上肉髻的塑造，本应判断他就是佛陀。

三是轻握莲蕾，笑容满面。此处保存完整面部的四身弟子像，均雕刻了嘴角上翘、颧骨凸出之相。只有此像左手轻握含苞欲放的莲花。

四是着通肩田相衣。田相衣的衣纹为长方格横向错缝、纵向垂直，相邻的一身弟子像亦着田相衣。

综上所述，结合其所处位置可以推测，第18窟主佛像东侧的形象为摩诃迦叶。《增一阿含经》称摩诃迦叶所行的是"辟支佛所行"。"辟支"是无师自悟者的意思，摩诃迦叶对佛陀说："若如来不成无上正真道者，我则成辟支佛。"佛典记载，摩诃迦叶为古印度摩揭陀国王舍城人，降生于释迦牟尼佛之前，相传为释迦牟尼佛的因地本师，是释迦牟尼前世之师。

摩诃迦叶是释迦的弟子之一。释迦成道不久后就带领弟子们来到王舍城，由于众多人皈依，弟子队伍不断壮大，其中就有婆罗门种姓出家人摩诃迦叶。他在佛灭后成为教团的统领，并于佛陀去世当年主持了在王舍城召开的、有

五百名比丘参加的佛教集结大会。

摩诃迦叶"拈花微笑"也有佛经依据。《大梵天王问佛决疑经》有云:"尔时大梵天王即引若干眷属来奉献世尊于金婆罗华,各各顶礼佛足,退坐一面。尔时世尊即拈奉献金色婆罗华,瞬目扬眉,示诸大众,默然毋措。有迦叶破颜微笑。世尊言:'吾有正法眼藏,涅槃妙心,即付嘱于汝。汝能护持,相续不断。'时迦叶奉佛敕,顶礼佛足退。"

由此,云冈石窟第18窟十大弟子形象中表示摩诃迦叶的人物,就被塑造为"顶上肉髻""施无畏手印""穿田相衣""拈花微笑",具佛陀貌的弟子形象。

图 18-6

摩诃迦叶像

第19窟 迦毗罗卫迎佛陀 释迦摸顶罗睺罗

第19窟是昙曜五窟中规模最大、形制组合较为特殊的洞窟。三世佛分别被安置于三座洞窟中,主洞外壁向北缩进约5米,内塑高约16.8米的主尊坐佛像,是昙曜五窟第一大佛,也是云冈石窟中高度仅次于第5窟主尊的佛造像。据推测,主尊造像象征北魏明元帝拓跋嗣。主洞东西两侧呈八字形安排了两个距地面约为4.5米高的"耳洞",分别编号第19-1窟(东耳洞)和第19-2窟(西耳洞),洞内各置一尊大型倚坐佛像。

第19窟主洞平面呈椭圆形,穹隆顶。窟内主尊佛像是昙曜五窟中唯一呈跏趺坐、右手结施无畏印的主佛像(图19-1)。在云冈石窟,佛像右手结施无畏印,意为佛陀正处于无畏说法状态。

第19窟主洞窟内空间巨大。除主尊大像外,窟内雕刻佛像4000余尊,是除第15窟"千佛洞"外,雕凿佛像最多的洞窟。在几千尊小佛像的映衬下,南壁东西两侧上层两尊对称的高大立佛像异常突出。位于西侧的佛像着通肩大衣,右手臂弯曲抬起,手掌举于胸,左手下垂,抚摸呈胡跪状、双手合十的小儿头顶,是为"罗睺罗因缘"图像(图19-2)。

"罗睺罗因缘"是表现佛陀与其子罗睺罗相会的故事。佛成道后六年始还迦毗罗卫城,此时罗睺罗六岁,耶输陀罗让罗睺罗持一欢喜丸献给从未见过面的父亲。此时佛陀用神力化为百罗汉,个个如佛陀形象。六岁的罗睺罗与父亲有心灵感应,径直走到佛陀面前将欢喜丸奉上。罗睺罗不仅是佛陀之子,后来还成为佛的十大弟子之一,排行第九,"声闻法中密行第一"。罗睺罗十五岁出家,《未曾有因缘经》曰:"佛在祇园精舍,遣目连至迦毗罗卫城,请罗睺罗於耶输,舍利弗为和上、目连

图 19-1　第 19 窟主佛像

为教授师，度彼为沙弥，时年十五岁。净饭王怜之，令童子五十人从之出家。"因此，云冈石窟中罗睺罗的形象不仅出现在"父子相见"的画面中，也出现在第18窟和第6窟雕刻的十大弟子之中。

第19-1窟和第19-2窟规模亦很可观，两窟均高约9米、宽约10米，足以入围云冈石窟较大洞窟的行列。两窟的主像均为倚坐佛像，也都是高达8米的大像（图19-3、图19-4）。两尊相同坐姿的佛像所着服装并不相同，第19-1窟的佛像着云冈石窟早期佛像中常见的袒右肩式佛装，第19-2窟的佛像着中、晚期出现的褒衣博带式佛装。不仅如此，两者的整体艺术风格亦有较大区别，前者的雕刻时间明显早于后者。再看两个洞窟内的其他雕刻，前者的龛像多数呈现了早期风格，而后者壁面的龛像可见到早、中、晚期风格相间的情形。结合出现在第19-2窟后壁北魏延昌四年（515）的《清信士造像记》铭文，我们可以确定，虽然第19窟三洞均规划于早期，但只有主洞窟和第19-1窟在早期基本完成了营造工程；而在第19-2窟中的壁面上，虽然能见到不少早期龛像，但包括大型倚坐佛在内的不少龛像，均是中、晚期开始雕刻的，并一直延续到公元6世纪的北魏延昌四年。这种出现在早、中期洞窟中的晚期雕刻，有所谓"打破关系"的雕刻（指后来雕刻覆盖了以前雕刻的现象），也有在早期没有雕刻的壁面上追补的龛像雕刻。

第19-1窟和第19-2窟内龛像所表现的特点，使我们看到了云冈石窟早、晚期迥异的艺术风格。在第19-1窟，我们看到了具有鲜明外来艺术风格的早期菩萨像（图19-5），也看到了典型的早期龛像（图19-6、图19-7）。在第19-2窟，我们看到了晚期造像（图19-8、图19-9），也看到了早、中、晚期龛像同在一处壁面的画面（图19-10）。

图 19-2
第19窟南壁西侧上层"罗睺罗因缘"

图 19-3 云冈石窟坐佛

图 19-4
第 19-1 窟倚坐佛

168

图 19–5
第 19–1 窟北侧胁
侍菩萨

图 19–6
第 19–1 窟内明窗
及两侧龛像

169

图 19-7
第 19-1 窟内弥勒菩萨盝形龛

图 19-8
第 19-2 窟北侧交脚菩萨盝形龛

图 19-9
第 19-2 窟主佛像背光中的供养天人

第20窟 露天大佛白佛爷 大众集聚颂和谐

第20窟前立壁早在北魏，即洞窟竣工不久后就已坍塌，因佛像露天，故称"露天大佛"（图20-1）。因佛像暴露在外，又比昙曜五窟中其他洞窟前壁向南凸出一些，所以便格外引人注目，又因露天大佛的颜色泛白，曾经亦有"白佛爷"之称。主尊坐佛高约13.7米，肉髻高耸，面部方圆，两耳垂肩，眉目细长，两眼炯炯有神，鼻直口方，蓄八字须，嘴角微微上翘，双肩齐挺，胸部厚实。内着僧祇支，外穿袈裟，袒右肩，衣纹厚重。该造像身材魁伟、体格健壮，身体略向前倾，显得居高临下、威武慈祥。由于它较突出地体现了北魏云冈石窟早期雕刻的艺术特色，因而成为云冈石窟的代表作品。游人来到这里，多与之留影，第20窟大佛也因此成为云冈石窟"出镜率"最高的佛像，被称为云冈石窟的"外交大臣"。

露天大佛所着袒右肩式佛装是云冈石窟早期佛像中常见的衣着款式，具有明显的异域特色。佛造像艺术从印度东传到中国，虽然佛像所着的袒肩服装不符合中国的国情，但这种样式还是被保留了下来，并用在了云冈石窟早期佛像雕刻中。第20窟露天坐佛所穿袈裟衣纹雕刻了明显的凸起，且优美考究，给人厚重的感觉，既有很强的立体效果，又具明显的下垂感。袈裟由左肩斜披下垂，遮盖整个左臂和左胸腹，斜搭右肩一角，将右侧肩部遮掩，仅裸露右胸上部，露出与左肩斜披边饰相同的衣纹。正所谓"因复左肩，右开左合"的样式，这是袒右肩式佛装"中国化"的体现。唐代僧人道世在所著《法苑珠林》中解释说："肉袒肩露，乃是立敬之极；然行事之时，量前为袒。如在佛前，

图19-10
第19-2窟北壁部分龛像

图 20-1
第 20 窟露天大佛及其东胁侍佛

及至师僧忏悔礼拜,并须依前右袒为恭。若至寺外,街衢路行,则须以衣覆肩,不得露肉。西国湿热,共行不怪,此处寒地,人多讥笑。"

由此看来,在佛教发源地印度,这种袒右肩式佛装是佛教徒的礼服。佛教及其艺术传入中国后,保留了其袒右肩式佛装,但为了适应中国的国情,进行了适当的改造。第 20 窟佛像的右肩并非全袒,而是"右开左合"的式样,将右肩稍做遮掩,成了具有中国特点的"袒右肩"式佛装。此外,佛像袈裟内还有一层紧贴身体似以轻纱材料制作的僧祇支,雕刻细腻,纹饰线条流畅,带有鲜明的异域风格。

与第 17、18、19 窟一样,第 20 窟主像也是三世佛布局,但我们现在看到的只有主尊及其左胁侍立佛像,右胁侍只可见一部分头光和腿、脚的残留部分及脚下的莲花台。可以推测这尊造像与左胁侍佛一样应是立佛像形式。在 1992—1993 年的窟前考古发掘中,人们曾在这一残毁坍塌的佛像脚下发现了大量刻有衣纹的石块,据推断应是从此佛像上掉落之物。

洞窟东壁着通肩袈裟的立佛像,同样是云冈石窟早期佛像雕刻中的精品(图 20-2)。尽管其肩膀位置因泥岩疏松风化严重,双眼内的陶制眼球也已掉落,但其恰当的身体比例,尤其是与主尊佛像相同的衣纹雕刻,均给人留下了深刻的印象。

此外,露天大佛背后的火焰纹雕刻,也是云冈石窟早期图案雕刻中不可多得的精品。无论是内层细密的阴刻线条火焰纹,还是外层梳子状火焰纹,均表现了云冈石窟火焰纹图案纹理多样、线条流畅的特点。特别是在露天大佛外层身光与东胁侍佛像头光的结合处,以单列忍冬纹雕刻的弧形图案叠压于主像火焰纹上,不仅使两种图案过渡自然、和谐,而且增添了整体图案的美感

图 20-2
第 20 窟东胁侍佛

（图20-3）。

雕刻在露天大佛背光内外的供养菩萨、飞天等，都是云冈石窟早期同类造像中的代表作品。其中一身供养菩萨（图20-4）上身丰满健硕，下身则较为短小，显得不成比例，但雕刻艺术已达到炉火纯青的境界：以阴线雕就的紧身服装，显现出身体轮廓；双手捧椭圆形供养物，神态虔诚，姿态自然协调。飞天的塑造风格也与供养菩萨一样，她们飞舞的姿态更是曼妙轻盈（图20-5）。

图20-3
第20窟露天大佛身光外层火焰纹与其左侧胁侍佛头光图案的结合部

图20-4
第20窟露天大佛背光中的供养菩萨

177

图 20-5
第20窟露天大佛
右侧上部的飞天
及供养菩萨

第21窟 平城石窟变化多 佛像菩萨秀婆娑

第20窟以西地面陡然升高，一直向西延伸的崖壁上开凿了众多小型洞窟，这就是云冈石窟西部窟群（图21-1）。这里的洞窟规模小但密度大，在长约160米的范围内，有编号的洞窟多达98个，其中主要洞窟25个，其余洞窟为附属洞窟。这些洞窟多是北魏孝文帝太和十八年（494）由平城迁都洛阳以后开凿的，均属于北魏云冈石窟晚期造像。

第21窟平面呈长方形，窟内宽约8米，进深约2.8米，高约8.5米。此窟南壁几乎全部坍塌，窟顶也崩塌严重，因而洞窟呈露天状。

图21-1
西部窟群外景

图 21-2
第 21 窟北壁

图 21-3
第 21 窟东壁

北壁主像为二佛并坐圆拱龛（图 21-2），这种宣传佛教法华思想的题材，在晚期造像中不仅数量大增，而且常常被置于主像的位置。

东、西两壁残存的龛像表明，洞窟壁面虽然为分层布龛造像，但并非对称设计。其中东壁（图 21-3）为上下二龛，上层的方形盝形龛像保存较好，交脚菩萨形态端庄，胁侍菩萨文静秀丽，龛楣装饰华丽秀美。盝形龛龛楣方格内，雕刻了演奏横笛、琵琶、箫、担鼓、细腰鼓、筝等乐器的飞天乐伎。乐器雕刻细致，乐伎演奏动作逼真，是云冈石窟晚期乐伎类雕刻保存较好的部分。盝形龛上方还雕刻了下垂的三角帷幔、方格内的飞天和表示屋顶的三角间宝珠纹，将佛龛装饰得华美庄严。

第22窟
洞窟顶部望天空 二佛永远坐其中

第22窟平面呈长方形，为无明窗的小型洞窟。由于顶部崩塌严重，此窟现已呈露天状。

北壁完整保存的二佛并坐圆拱龛（图22-1），是云冈石窟中、晚期洞窟中常见的主像。二佛像褒衣博带，端坐龛内。龛楣保存较好，楣面七佛

列像清晰，佛像着袈裟端坐莲台上。龛楣尾残存的龙首反顾，轮廓明晰。楣外上下二供养天人相貌虔诚，格外引人注目（图22-2），衣袖宽大，双手捧供养物或合十敬拜。

洞窟西壁风化严重，壁面雕刻无存。东壁北侧上隅残存坐佛轮廓，可见繁缛的衣襞，整体形象表现为秀骨清像式。

作为第22窟的两个附属洞窟之一，位于主洞窟上方、平面呈方形的第22-1窟保存相对较好，尤其是洞窟顶

图22-1
第22窟北壁二佛并坐圆拱龛

图22-2
第22窟北壁佛龛龛楣外供养天人

部。它与第15窟顶部的平棋布局形式一致：中央方格内雕刻团形莲花，平棋枋围绕团莲形成了八个直角梯形格，内均雕刻飞天。云冈石窟晚期雕刻变化多样的特点，由此可见一斑。

第23窟 佛光直上重霄九 佛域天宫永不朽

第23窟为平面呈长方形的单室洞窟。北壁主像为无龛式二佛并坐，虽然风化严重，但仍能看出其轮廓高大（图23-1）。特别值得一提的是二佛像背光的雕刻，其硕大华丽，火焰纹如熊熊烈火，光环延伸到窟顶，给人以佛光通天的感觉。在窟顶与背光图案之间的两朵团形莲花周边，身长袖广的飞天举日月，拥青莲，婀娜起舞。

此窟东、南两壁或风化，或早年坍塌。窟形现状为近年加固修复的结果。西壁现存一对高约2米的立佛像，褒衣博带，神采焕然（图23-2），与属中期造像的第11窟西壁屋形龛下七立佛形态相似，是西部窟群中个体较大、保存较好的立佛像。

主窟东侧上方第23-1窟（图23-3）之北、东、西三壁各开龛造像，龛像周围布满小佛龛。北壁为坐佛圆拱龛，西壁为坐佛

图23-1 第23窟北壁及其部分窟顶

图23-2 第23窟西壁

图23-3 第23-1窟外景

盝形龛，东壁盝形龛内造像坍塌，仅存部分龛形。雕凿于壁面最下层的立姿供养人，头戴进贤帽，身穿宽松长袍，脚踏笏头履，列队合十礼拜佛陀。

顶部残存的雕刻显示，这亦是一个方形平棋格

内雕刻团莲和飞天的窟顶，只是在横竖平棋枋交叉处雕刻了圆形物，我们称之为"十字穿壁"。

第 24 窟
法华永驻二佛陀
团莲依依紧那罗

第 24 窟位于第 23 窟西侧，其上方还有两个小型洞窟，即第 24-1 窟和第 24-2 窟，其中第 24 窟和第 24-1 窟保存较好。第 24 窟为四壁三龛式窟，平面为正方形，平顶。

北壁风化，但可见三龛轮廓：中间为坐佛像，两侧方形龛内置坐佛像或交脚菩萨（图 24-1）。这种龛式对称、造像不对称的现象虽然在云冈石窟并不多见，但其象征的三世佛主题思想依然明确。

东、西两壁同为二佛并坐圆拱龛。在云冈石窟，对称雕刻是常见的设计方法，但在相对的石壁上，对称地雕刻二佛并坐并不多见。这大概也是云冈石窟晚期雕像变化多样的表现之一。

顶部依然是平棋格内飞天舞团莲的雕刻。洞窟内的飞天雕刻，无论是在顶部（图 24-2），还是在龛楣上隅（图 24-3），均宽

图 24-1
第 24 窟北壁

图 24-2
第 24 窟顶部飞天

图 24-3
第 24 窟西壁龛楣右上隅飞天

图 24-4
第 24-1 窟

衣广袖、身材修长、婀娜多姿,是云冈石窟晚期飞天中的代表作品。

第24-1窟的北、东、西三壁造像保存完整,东、西壁的雕刻对称(图24-4)。三个壁面最上层均雕刻了相同的三角帷幔,应是统一设计并按计划完成的。

北壁雕二佛并坐圆拱龛,虽然壁面风化,但画面均可辨认:龛内二佛轮廓明显,楣尖上举,楣面宽阔,上雕坐佛列像,楣尾为龙首反顾。龛外两侧均为立姿供养菩萨,左侧菩萨神情恬静,头顶高冠、颈饰项圈,两肩披帔帛,有桃形头光,右手持莲花置右肩,左手握帔帛自然下垂,腰部以下风化;右侧菩萨头部坍塌,上披帔帛,下穿长裙,左手持莲蕾置左肩,右手握帔帛自然下垂。龛的左、右上方残存六身供养天人,风化严重。龛下残存供养人行列。

东西两壁的龛像对称,西壁保存较好(图24-5),东壁(图24-6)则残缺不全。两壁上下两层龛式整齐划一。上层龛像为三间式盝形龛与两侧宝盖龛的组合：盝形龛明间为交脚菩萨，两梢间为思惟菩萨，应是依据《弥勒上生经》雕刻的弥勒菩萨决疑形象；两侧宝盖龛内各雕倚坐佛像，应是依据《弥勒下生经》塑造的弥勒佛形象。下层为圆拱龛与两侧方形龛的组合：圆拱龛内雕须弥座上坐佛像，龛外两侧有供养菩萨；两侧的两层方形龛下层为立佛，上层为坐佛，既有结施无畏印、禅定印的坐佛，也有结与愿印、施无畏印的立佛。

窟顶为六格平棋。现存平棋格内的雕刻均为粗坯，根据其轮廓判断，应是团莲与飞天的组合。

图 24-5
第 24-1 窟西壁

图 24-6
第 24-1 窟东壁

第25窟　龛楣天人璎珞华　二龙缠绕护佛法

第25窟是一个平面呈长方形的无明窗单室窟。洞窟内北、东、西三壁各开龛造像。南壁窟门保存较好，窟门两侧对称塑造立佛像。这种壁面布局形式出现在不少晚期洞窟中，是云冈石窟晚期的一大特点。

位于北壁正面的二佛并坐（图25-1），是该窟主像。为表现多宝、释迦二佛弘扬法华的事迹，主像对面的南壁窟门上部亦雕刻了三个二佛并坐圆拱龛。

东、西两壁均雕刻了坐佛像圆拱龛。东壁的龛像风化较严重，佛像头、面部之右侧一部分不存（图25-2），鼻子也有损坏，

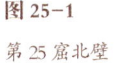

图 25-1　第25窟北壁

其上的小型圆洞表明,曾有人试图对佛像的鼻子进行修补。虽然是一个不完整的佛陀形象,但仍能看出佛陀面容的安详、和蔼。

西壁的龛像保存较好,其上圆拱龛龛楣的装饰令人惊叹(图25-3):众供养天人手执的璎珞,呈交叉弧形下垂于龛楣面上。尽管供养天人和璎珞雕刻多为素面,但这种双重连续式的图案,使拱形楣面呈现出美不胜收的视觉效果。显然,这是古代工匠释放艺术想象力创作出的优秀作品。

南壁保存相对完整(图25-4),方形窟门两侧各雕刻由地神托举的立佛像,西侧为"阿输迦施土缘"(即"阿育王施土缘"),东侧应是定光佛。在窟门两侧对称雕刻是云冈石窟晚期洞窟的一个特点。

与其他多数晚期平顶方形洞窟一样,第25窟顶部亦为平棋方格式布局。但平棋格内除了团莲与飞天外,中心格内还出现了一幅二龙缠绕图案。这显然是佛教护法思想与雕刻艺术装饰相结合的体现。在云冈石窟,同样的窟顶布局还出现在第11-16窟中。

图25-2 第25窟东壁龛内佛像上半身

图25-3 第25窟西壁圆拱龛龛楣

图25-4 第25窟南壁

第 25-1 窟位于主窟和第 24 窟之间，洞窟已风化坍塌，呈敞口状，窟内北壁和西壁各有上、下两层龛像（图 25-5）。这种整齐划一的布局，是晚期洞窟常见的形式。北壁下层为两个坐佛像圆拱龛，上层为两个交脚菩萨盝形龛。西壁上、下两层四龛均为坐佛像圆拱龛。虽然东壁的龛像完全风化，但我们推测其应与西壁对称。结合壁面上方雕刻整齐的千佛列龛和下垂三角帷幔，以及残存于顶部的飞天，可判断出这是一个计划周密、雕刻细致的晚期洞窟。

第 25-2 窟在主窟上方的崖壁上，洞窟平面呈方形，平顶，南壁及顶部局部崩塌。北壁坐佛像和东壁的龛像均风化，仅残存轮廓和部分衣纹雕刻。

西壁亦风化，但残存的两身造像依旧饱满、生动（图 25-6）。南侧是供养菩萨，具桃形头光，宝冠高耸，眉清目秀，上着帔帛，下穿长裙；左手上举置胸前，手中持一长茎莲花（圆形素面），右手自然下垂，手中持宝瓶，侧身面向正壁主佛。菩萨北侧是供

养僧人,胡相,颈部青筋突出,着双领下垂衣,双手合十供养,形象逼真。虽然以上二像腿部以下均风化,但其上半身特别是面部的刻画,当是云冈石窟人物造像中具代表性的作品之一。

图 25-5
第 25-1 窟内景

图 25-6
第 25-2 窟西壁

第26窟 二佛弥勒小洞窟 三世诸佛大世界

第26窟位于第25窟西侧，是平面呈长方形的无明窗单室窟。这是一个按规划完成的晚期洞窟。北壁（图26-1）为三间式盝形龛：明间为二佛并坐，即释迦、多宝说法像；两梢间均为倚坐佛像，为业已下凡成佛的未来佛弥勒。

将二佛并坐像置于盝形龛内，是云冈石窟较少出现的形式。

东西两壁对称雕刻，均有两层龛像，上为盝形龛装饰的交脚菩萨及其两侧的思惟菩萨，下为圆拱龛装饰的二佛并坐。这种结构形式，亦为以弥勒信仰为主的三世佛布局。上下龛像的两侧，还出现了千佛列龛和供养菩萨，这依旧是三世佛思想的扩展。

细看保存较好的西壁（图26-2）龛像，上层三间式盝形龛两侧梢间内的思惟菩萨形象突出，身材比例适当，人物动作、姿态逼真。位于西壁北侧的立姿供养菩萨宝冠高耸，溜肩明显，身材匀称，帔帛流畅。两者均是云冈石窟晚期思惟菩萨形象的代表作品。

窟顶九格平棋，中央格、四角格内雕团莲，其余格内雕飞天（图26-3）。

与第26-1窟一样，第26-2窟、第26-3窟和第26-4窟均是没

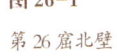
图26-1
第26窟北壁

有完成的洞窟，窟内壁面仅有部分龛像的规划痕迹。从轮廓观察，这些龛像有二佛并坐龛、坐佛龛、交脚龛。其中第26-4窟西壁（图26-4）的龛像雕刻相对较为完整：中间为交脚像圆拱龛，两侧各雕立姿像，并在上方预留了千佛列龛的壁面。

在这里，我们看到了石窟壁面龛像雕凿的初始状态，由此可以大致推测出整个雕凿过程：将壁面凿平整后，以阴刻线规划出龛形和像形，再做细部雕刻，最后完成人物五官、服饰、佩饰等细部的打磨和雕刻。

第27窟 方形石窟有乐天 弥勒信仰无际边

第26窟西侧较大的洞窟就是第27窟。洞窟北壁雕刻上、下两层六个龛像。上层三个龛像均为交脚菩萨，下层三个龛像中间是坐佛像，两侧为倚坐佛像（图27-1）。由此观之，第27窟是一个以弥勒信仰为主题的洞窟，且在壁面布局上有所创新。

东西两壁对称布龛（图27-2），均为上下两层。下层的两个圆拱龛间和上层两个盝形龛间的雕刻保存完整（图27-3），其画面对称中有变化、变化中有新意。下层楣尾为龙首反顾与跪姿供养者，这种样式不仅是多种艺术形象的组合，更成为云冈石窟晚期造像中的一朵奇葩。上层盝形龛楣面格内的浅浮雕飞天（图27-4）姿态婀娜、飘带广舒，是云冈石窟晚期飞天造像中的代表作品。

窟顶为九格平棋，中央格内雕团莲，其余八格内雕刻了演奏不同乐器的飞天乐伎，因风化严重，乐伎手中的乐器只可辨出排箫和筚篥（图27-5）。

图26-2 第26窟西壁

图26-3 第26窟顶部

图26-4 第26-4窟西壁

图27-1 第27窟北壁

图 27-2
第 27 窟西壁

图 27-3
第 27 窟西壁下层二龛间的雕刻

图 27-4
第 27 窟西壁上层龛楣浅浮雕飞天

图 27-5
第 27 窟顶部吹奏排箫的飞天

图 28-1
第 28 窟北壁二佛并坐圆拱龛

第28窟 人马情深别离难 留得铭记龛楣端

第28窟位于第27窟西侧,是平面呈长方形的无明窗单室窟。北壁主像为二佛并坐圆拱龛(图28-1)。宽阔的龛楣中央有一方铭记碑,文字已模糊。将铭记置于龛楣中央,这在云冈石窟是首例。这一标新立异的设计,为变化多样的云冈石窟晚期洞窟形制增加了新鲜内容。

东、西两壁均为坐佛像圆拱龛,其龛楣面坐佛列像上为交叉璎珞的装饰图案,楣尾配以龙首反顾,龛式华丽(图28-2)。西壁圆拱龛龛楣两侧雕"逾城出家"和"白马吻足"的佛传故事画面(图28-3、图28-4)。将佛传故事置于龛楣两侧,是云冈石窟晚期龛像常见的形式。"逾城出家",讲述诸天神托起马蹄越过城门,使太子得以离家出城,迈出修行的重要一步;"白马吻足",讲述太子即将进山修行,临别时白马依依不舍、深情吻

太子足。这种雕刻颇能打动人心,在表现太子出家悟道强大决心的同时,也描绘出马通人性。

南壁坍塌严重,仅可见窟门西侧的部分立佛像。窟顶是九格平棋,风化严重,能看出中央格内雕刻的交龙及其他格内的团莲和飞天。

位于第28窟上方的第28-2窟,风化也很严重,但北壁主像坐佛保存较为完整(图28-5)。尽管佛像身体比例不十分协调,但褒衣博带上衣纹的雕刻还是精致细腻、层次分明的。胸前衣带结设计得别出心裁,衣襞纹饰华丽。

197

图 28-2
第 28 窟西壁龛像

图 28-3
第 28 窟西壁圆拱龛右侧"逾城出家"

图 28-4
第 28 窟西壁圆拱龛左侧"白马吻足"

图 28-5
第 28-2 窟北壁坐佛像

第 29 窟 弥勒端坐大莲阶 佛陀受土小儿叠

第 29 窟是云冈石窟晚期洞窟中规模较大的一个洞窟，保存较好。窟内北壁分上、下两层，共六个造像龛（图 29–1），上层中龛为倚坐佛像，两侧各雕思惟菩萨，左、右两龛各雕交脚菩萨；下层中龛为坐佛像，左、右两龛各雕倚坐佛像。这是一个弥勒信仰主题突出的洞窟。值得注意的是上层中央龛倚坐佛像及其两侧思惟菩萨的三弥勒配置（在云冈石窟，多数三弥勒造像龛中，中间为交脚菩萨，两侧是思惟菩萨），是为更加突出佛教信仰者的企盼，意在盼望弥勒早日下凡救世。

东、西两壁均为上、下两层雕刻，下层并列两个坐佛像圆拱龛，上层并列两个坐佛像盝形龛。以盝形龛装饰坐佛像在云冈石窟早、中期龛像中并不多见，而是较多地出现在晚期洞窟中，这也又一次说明了云冈石窟晚期洞窟的多样性特征。

东壁北侧风化严重，但残存的雕刻多有出色之处。下层两龛之间的楣尾雕刻（图 29–2），左侧楣尾鸟首反顾，右侧楣尾龙首反顾，龙和鸟的造型逼真，雕刻细腻，形神兼备，是云冈石窟同类造像中的精品。

窟门东侧雕"鹿野苑说法"和"阿输迦施土缘"佛教故事（图 29–3），西侧坍塌不存。在云冈石

窟晚期小型石窟中,多有在窟门两侧雕刻立佛像的设计,由此推测,第29窟窟门西侧亦为立佛形式。

表现"阿输迦施土缘"佛教故事的画面中,立佛像着褒衣博带,内衣结带外甩于左小臂,大衣下摆皱褶层叠分明,是晚期同类造像的代表。其面部五官特别是眼睛的雕凿,一改之前以两条阴刻线刻成柳叶形的做法,只以一条深刻的柳叶形线表现,这使云冈石窟佛像的面貌有了改变,增加了新的特点。

窟顶为九格平棋(图29-4),中央格内为团莲,其余八格内雕飞天乐伎,可识别的演奏乐器有横笛、埙、笙篥、担鼓、腰鼓等。

图29-1
第29窟北壁

图29-2
第29窟东壁下层两龛间雕刻

图29-3
第29窟南壁窟门东侧"阿输迦施土缘"

图29-4
第29窟顶部

第30窟 飞天乐伎演梵呗 帷幕兽面护法来

第30窟为平面呈长方形的无明窗单室窟，是云冈石窟晚期规模较大的洞窟。窟内北壁分上、下两层，每层有三龛（图30-1）。上层三龛之中龛为倚坐佛盝形龛，两侧为交脚菩萨方形龛；下层三龛之中龛为坐佛圆拱龛，两侧为倚坐佛像盝形龛。龛像的布局虽有变化，却仍然是以弥勒信仰为主题。

东、西两壁对称布局，均为上、下两层开龛，两壁上层龛式大不相同：东壁雕两层，共四个坐佛像龛；西壁却是在下层两个圆拱龛之上，雕三个方形帷幕龛（图30-2）。"下二上三"的龛像雕刻打破了整齐划一的壁面布局，显得活泼多变。方形龛是云冈石窟晚期出现的新样式，在很多晚期洞窟中都可以见到。第30

图30-1 第30窟北壁龛像

图30-2 第30窟西壁

图 30-3
第 30 窟西壁上层
中央坐佛像衣纹

图 30-4
第 30 窟西壁上层
方形龛帷幕兽面

图 30-5
第 30 窟西壁上层
方形龛帷幕兽面

窟西壁中间的坐佛像方形龛显得非常精美：佛像身体比例协调，衣纹皱褶繁密美观（图 30-3），彰显了云冈石窟晚期造像风采。方形龛帷幕中的兽面形象亦很引人注意（图 30-4、图 30-5）。在云冈石窟，将兽面置于下垂的弧形帷幕上作帷幕结始于第 7、8 窟，后来又被运用到第 12 窟。由于晚期的方形龛多有下垂帷幕，帷幕上的兽面就成为大家最熟悉的装饰。除第 30 窟外，第 32-12

窟和第33-4窟的方形龛帷幕上，也有兽面雕刻，只是形象塑造有所不同。

第30窟窟顶没有平棋格，中央雕刻团形莲花，四周环绕飞天乐伎。但因东部风化严重，仅存西部的雕刻。可看到莲花周围的飞天乐伎身姿婀娜、飘带舒展，手持不同乐器自由飞舞。飞天乐伎所持乐器有羯鼓、横笛、排箫、筚篥、埙等（图30-6）。

图30-6
第30窟顶部飞天乐伎

图31-1
第31窟前室南壁

第31窟 多门窗形式整齐 洞中洞特别神秘

第31窟平面呈长方形，为前后室结构的洞窟。窟内前后两室都有较大的空间。外壁早年坍塌，近年修复为一门五窗（即窟门两侧各开一窗，上方并列三窗）的样式（图31-1）。

第31窟也是一个主像为三世佛的洞窟。洞窟后室正壁（北壁），上为交脚菩萨和思惟菩萨及两侧龛内的倚坐佛、菩萨，下为高达2.3米的二佛并坐圆拱龛（图31-2）。

前室通往后室的明窗与窟门雕刻是此窟有计划雕刻的重要内容之一。在窟门两侧雕刻立姿供养菩萨（图31-3）是晚期洞窟出现的新样式。在云冈石窟，多数洞窟窟门两壁（或两侧）的立姿雕像多为手持武器的护法金刚，在此雕刻供养菩萨像，是因雕刻者更加重视佛教中供养的意义。窟门顶部雕刻二龙缠绕（图31-4），沿用了第1、2窟和第12窟窟门顶部的二龙形象。二龙完全对称，但在细部刻画上简化了不少。明窗东、西两壁雕骑象和骑马的菩萨像（图31-5、图31-6）。其所处位置是新的安排设置，但所表现的佛教内容是继承式的。所

谓新的安排设置，是指菩萨骑象和骑马的对称雕刻多出现在洞窟内南壁的窟门两侧，如第5-11窟、第5-38窟等。所谓继承式，是指佛传故事中的"乘象投胎"和"逾城出家"作为佛传故事中两个具有核心意义的情节，在不少云冈石窟晚期洞窟中都有所表现。前者说的是

由兜率天内院下降到世间的菩萨，后者说的是为救众生而决意出家的太子。

第31窟前后室面积较大的壁面中，雕刻了大量龛像（图31-7），虽然壁面布局不规范且略显凌乱，但可以看得出来，这是一个有计划雕刻的洞窟，其中不乏精美的龛像和能体现特别意义的雕刻。如前室北壁窟门上方东侧的一个小型方形龛内，主像为踞脚自在坐弥勒菩萨，两侧雕像是他将来成佛后，协助他弘法的两位胁侍。龛像组合中雕刻精美者也数不胜数，位于前室北壁东侧中层的一个二佛并坐圆拱龛与两侧供养菩萨宝盖龛的组合，无论是佛像细密的衣纹褶皱，还是楣尖高耸、列佛端坐的龛楣，抑或是宝盖下的双人供养和龛楣周边排列整齐的供养天人，无不体现出云冈石

图 31-2
第 31 窟后室北壁

图 31-3
第 31 窟窟门西壁
的立姿供养菩萨

图 31-4
第 31 窟窟门顶部
二龙缠绕

图 31-5
第 31 窟后室明窗西壁菩萨骑马

图 31-6
第 31 窟后室明窗东壁菩萨骑象

图 31-7
第 31 窟前室北壁

窟晚期造像变化多样、装饰精致繁复的特点。在后室，南壁东西两侧上部残存的"降伏火龙"和"降魔成道"两龛对称分布。"降伏火龙"中的众救火梵志（图31-8）和"降魔成道"中的魔军，姿态各异，刻画生动。

"洞中洞"，即在洞窟壁面上再开洞窟的形式。第 31 窟前室西壁（图 31-9），壁面三层龛像的第一、二层分别有一个和两个洞中

洞。第一层北侧的洞中洞进深约1.2米，其正壁（西壁）上又凿不规则洞与第32-8窟相通，此洞中洞窟内左右两侧壁面上均有龛像，洞外亦有围绕窟口的装饰性雕刻。第二层并列两个洞中洞：北侧洞窟为方形窟门，窟门左右两侧隐约可辨有供养菩萨，窟口两侧饰流苏。窟内平面为长方形，穹隆顶，宽约60厘米，进深约1.2米，莲台上雕一尊坐佛；第二层中间的洞中洞窟为四壁三龛式，进深约90厘米，宽约80厘米，窟高约1.1米。龛内雕刻内容较多：西壁雕二佛并坐，北壁为交脚菩萨及两侧思惟菩萨，南壁的坐佛像及两侧的供养菩萨为未完成的雕刻。

图31-8
第31窟后室南壁东侧"降伏火龙"中的救火梵志

图31-9
第31窟前室西壁

第32窟 七佛像并立窟口 石莲花开放净土

第32窟位于山腰间，平面呈长方形，上置明窗、下开窟门，是北魏云冈石窟晚期较大的洞窟。

窟门西壁的七佛立像（图32-1），是云冈石窟晚期两例七佛造像之一，方形帷幕龛内的七佛立像皆左手施与愿印，右手结施无畏印，着褒衣博带佛装，虽然整体形象的塑造略显粗糙，但整齐划一的龛像设计，充分体现了云冈石窟晚期造像的风貌特征。东壁坐佛像圆拱龛及周边雕

图32-1
第32窟窟门西壁七佛立像

刻（图32-2）亦是典型的云冈石窟晚期作品，将坐佛像所着褒衣博带佛装雕刻为素面形式，也是其特色之一。

第32窟附属洞窟中有15个小型洞窟，其中不乏精品或具有特别意义的作品。

第32-9窟北壁（图32-3）是以弥勒信仰为主题的三世佛雕像。这种不断出现在云冈石窟中期到晚期洞窟正壁上的佛教造像题材，是北魏时期佛教弥勒信仰盛行的力证。

"文殊问疾"题材始于云冈石窟中期的第7窟，后来不断出现在中晚期洞窟中，也出现在第32-11窟（图32-4）、第32-12窟（图32-5）和第32-15窟（图32-6），这些造像中维摩诘的服装宽大，神态自若，雕刻者着意塑造了一位富贵、理智并有着高深佛理修养的居士形象。

第32-12窟北壁的坐佛像方形龛（图32-7）风化严重，但

图 32-2
第 32 窟窟门东壁

图 32-3
第 32-9 窟北壁

我们还是可以从残存的轮廓中看到佛像清秀挺拔的身姿及宽大的服装。

第 32 窟的独特之处有以下三点：一是表现了云冈石窟方形龛的基本形制。龛形为纵向长方形，龛楣上方为表示屋顶的三角间宝珠纹雕刻，下为鳞纹，再下为三角帷幔和弧形帷幕；二是龛楣弧形帷幕束结处的兽面雕刻；三是龛外的胁侍菩萨和弟子雕刻。龛外右侧的菩萨与弟子像（图 32-8），眼睛以较重的阴刻线塑造为柳叶形，具有明显的写实性。

最具佛教艺术特征的是出现在第 32-15 窟中地面上的莲花。紧靠后壁的地面上残存有浮雕团莲图案，地面中间亦有莲花边线残留。依据同为晚期洞窟的第 5-11 窟地面团莲的布局推测，此处地面应亦为同样布局的五朵团莲。在云冈石窟，具有代表性的地面团形莲花雕刻首数第 9、10 窟前的大型团莲，但因历代信徒礼拜时的反复踩踏，再加上风化，已是残损状态。而第32-15窟和第5-11窟这两个晚期洞窟均位于拜谒者不易攀登到的崖壁上方，因此两窟地面上雕刻的莲花能够保存下来。由此我们猜测，这种具有净土意义（人们进入洞窟踏在莲花上，有如来到佛域净土）的雕刻，应被此后开凿的不少洞窟沿用，但因千百年来人们不断踩踏而磨灭殆尽了。

第32窟东侧的崖壁浮雕（图32-9）为第32-10窟。画面左侧为一座四角攒尖顶华亭，亭子顶部有莲花和忍冬纹饰，柱间饰垂幔。华亭内一人席地而坐，华亭上雕刻捧摩尼宝珠的飞天，身材修长，上身着交领广袖衣，下着长裙，帔帛飞扬。画面中一株枝叶繁茂的大树下雕刻六身人物，其中一位雍容华贵者双手捧物做供养状，其周围的侍女，三人头梳双丫髻，两人梳高髻，五人皆面向东方。虽然我们不知晓故事内容，但雕刻于此，便是与佛教思想有关的形象。她们或许是佛教故事中的人物，雕刻者将其置于外壁，供人们参观感悟；或许是一个参拜石窟寺的家族群体，尊贵者在华亭内，侍者在华亭外，画面中的飞天象征了佛法力量的护佑；也许这是一个笃信佛法

图 32-4
第32-11窟北壁
维摩诘

图 32-5
第32-12窟西壁
维摩诘

图 32-6
第32-15窟南壁
"文殊问疾"

的贵族，经常来此礼拜佛陀，在其往生后，后代将其敬拜佛陀的图像刻在此处，以便观瞻纪念。在第33-3窟和第33-4窟的上部崖壁，也有"菩萨骑象""天人撑伞盖"等佛传故事的雕刻。将佛传故事以浅浮雕的形式雕刻于窟外崖壁之上，是云冈石窟晚期的一大特点，说明当时造像形式的多样性和造像思想的自由性。从这些风化严重但依稀可见的形象中，我们看到了北魏云冈石窟丰富多彩的面貌。

图 32-7
第 32-12 窟北壁

图 32-8
第 32-12 窟北壁
菩萨与弟子

图 32-9
第 32-10 窟佛传
故事浮雕

第33窟 胡貌弟子展颜笑 倚坐佛陀现龛楣

第33窟的平面为正方形，整体是无明窗单室窟。北壁主像为二佛并坐圆拱龛，两侧雕菩萨和弟子像。西侧的菩萨与弟子像形象清晰、生动（图33-1）。特别是一身胡貌弟子像，他的头和身体侧面朝向中心佛龛，头顶剃发，额广眉高，颧骨突出，双眼微闭，鼻翼宽阔，嘴大唇薄，笑容满面；脖颈刻出竖线，头略低垂，身着宽大袈裟，两脚自然分立，双手于胸前捧供物；身体微微前倾，写实性、生活化气息浓重，与云冈石窟大多数人物神情庄重的造像形成鲜明的对比。

图33-1 第33窟北壁龛外西侧菩萨与弟子

第33窟坍塌非常严重，在其西壁（图33-2）残存的画面中，有两处值得注意：一是位于洞窟中间位置圆拱龛内的交脚菩萨，二是位于洞窟北侧的"阿输迦施土缘"立佛像。

交脚菩萨是弥勒在兜率天内院为一生补处菩萨时的形象。云冈石窟造像，多以盝形龛装饰交脚菩萨，此处用圆拱龛装饰，让观者看到了不同于以往的画面：宽阔的圆拱龛楣面中央雕一尊倚坐佛像，有众多供养者双手合十簇拥于其两侧。

表现"阿输迦施土缘"故事中佛陀形象的立佛像在云冈石窟中比较常见，晚期洞窟多将其置于南壁的窟门两侧，与另一尊立佛像构成对称格局。而此窟却将其置于西壁与弥勒像并列（图33-3），前者表示过去佛，后者表示未来佛。如此，现在佛应该就在南侧的龛内了，这样的格局构成一种新颖的以弥勒信仰为主题的三世佛组合。

虽然因风化坍塌，立佛像的头部不复存在，但龛内两侧的造像保留较好。出现在立佛像右上侧的三身飞天组合（图33-4），表现出了十分高超的雕刻水平。飞天个个身姿婀娜、动作流畅。

来到第33-3窟，首先映入眼帘的是北壁的二佛并坐方形龛（图33-5）。龛楣右侧完整地保存了一只浅浮雕的响铃，不同于层塔檐下的风铃，该铃呈圆形，上方的铃缀样式新颖；铃下配以婀娜飞天，使佛龛装饰更加美观。

洞窟东、西两壁也保留了一些精致的雕刻（图33-6）。西壁分上下两层，上为坐佛像方形龛及其两侧的供养菩萨和

图33-2
第33窟西壁

图33-3
第33窟西壁北侧"阿输迦施土缘"立佛像

图33-4
第33窟西壁"阿输迦施土缘"右上侧飞天

图33-5
第33-3窟

图33-6
第33-3窟西壁

文殊菩萨、维摩诘对坐像，下为交脚菩萨及其左侧的思惟菩萨像。东壁的"乘象投胎"和"树下诞生"故事雕刻，均是云冈石窟晚期保存较好的优秀作品。其中"树下诞生"图饶有趣味。在第6窟中，佛陀为"右胁诞生"，而在此处，摩耶夫人左手向上伸出，拽住树枝，有舟形背光的小佛陀从其左胁生出。

第33-3窟顶部的团形莲花，在云冈石窟中亦是独一无二。其中心呈半球形突起的"乳钉"纹莲心周围雕四身联手化生童子形象，生动可爱，以简单线条塑造出一幅优美的人形装饰画面，令人赞叹。

第33-4窟东壁南侧的雕刻不仅保存较好，并且龛像配置新颖。立佛像、坐佛像、倚坐像、踞脚自在坐像等依次排列，是云冈石窟晚期造像多样、装饰丰富多彩的龛像群之一。

第34窟 紧那罗优雅飞翔 佛陀父子相对望

第34窟是一个早年坍塌严重,由后世修整出来的晚期洞窟,其平面接近正方形,亦为无明窗单室窟。

北壁风化严重,模糊可见主像为二佛并坐圆拱龛,龛外雕菩萨、供养群像、飞天、千佛、闻法僧人等,大乘法华主题思想明确。

西壁坐佛像圆拱龛内外的雕刻表现了云冈石窟晚期造像装饰的多样与华丽(图34-1),坐佛因风化而不完整。

装饰华丽的龛楣上端坐的千佛列像、上沿的交叉璎珞、整齐排列的供养人、龛楣两上隅的飞天(紧那罗)(图34-2)等,均是雕刻细腻、引人入胜的云冈石窟晚期优秀作品。飞天身材修长、动作协调,雕刻流畅细腻,是云冈石窟飞天作品中的佳作。

中央龛像左侧的"罗睺罗因缘"雕刻(图34-3),与东壁北侧残存的"阿输迦施土缘"雕刻(图34-4)构成对称的格局。由此推测,已风化的东壁雕刻内容应与西壁对称。

图34-1 第34窟西壁

图 34-2
第 34 窟西壁圆拱龛楣左侧飞天

图 34-3
第 34 窟西壁"罗睺罗因缘"

图 34-4
第 34 窟东壁"阿输迦施土缘"

第35窟
龛楣双隅有故事 山中神兽四五只

第35窟外壁门楣雕忍冬纹楣面，窟门两侧雕刻立姿护法像，这是云冈石窟晚期出现的新形式。窟门东壁上为交脚菩萨，下为二佛并坐，西壁上为交脚菩萨，下为坐佛像，两壁龛像对称布局（图35-1、图35-2）。这种对称不仅具有艺术装饰性，还更加突出了弥勒信仰色彩。

窟内平面呈长方形。北壁和东西两壁的北侧因山体渗水，风化非常严重，但依旧可辨此窟为四壁三龛洞：北壁主像为坐佛像圆拱龛；东西两壁对称开凿盝形龛，龛内为交脚菩萨、思惟菩萨和倚坐佛、胁侍菩萨；南壁窟门东西两侧皆二层造像，上为立佛像，下为"降伏火龙"或"降魔成道"佛传故事龛（图35-3）。四壁最下层的供养人行列清晰可见。

尽管窟内北侧风化严重，大部分雕刻已不复存在，但观察

图35-1
第35窟窟门东壁

图35-2
第35窟窟门西壁

216

洞窟南侧保留下来的龛像，其设计之巧妙、雕刻之精细，令人叹为观止。

雕刻于明窗东西两壁的摩醯首罗天和鸠摩罗天（图35-4、图35-5）为护法神，具有强大的力量。这两个形象最早出现在第8窟的窟门两侧，近乎裸体。而此处的二位护法神均上披帔帛下着大裙，与云冈石窟晚期菩萨服饰相同，显然人们将其当作菩萨来供养了。从第8窟（修建时间在471—494）到第35窟（修建时间在494—524），护法天人衣着的变化，说明佛教艺术本土化并没有经历太长的时间。

东西两壁盝形龛楣左右两上隅雕刻了佛传故事，西壁可见"逾城出家"（图35-6），东壁可见"佛陀涅槃"。在不少晚期洞窟中，"逾城出家"（骑马菩萨）往往与"乘象投胎"（骑象菩萨）对称出现于窟门两侧，由此推测，西壁盝形龛楣左上隅已风化的位置应是"乘象投胎"。云冈石窟其他洞窟对称雕凿的佛传故事中，并未发现卧姿的佛陀涅槃像，因此无法推断东壁盝形龛龛楣

右上隅的图像内容。

　　明窗与窟门间的屋形龛雕刻得亦很精妙。龛内右侧已经风化坍塌，左侧则完整地保存了维摩诘的形象。由此可以推断，龛内风化坍塌的位置应为文殊菩萨像，整幅画面描绘的是"文殊问疾"。除因造像时间不同导致维摩诘的穿着不同外，屋形龛及其龛内人物配置，与第6窟完全一样，均为"左维摩诘右文殊"。

　　南壁窟门两侧的"降伏火龙"和"降魔成道"佛传故事雕刻，均为圆拱龛坐佛像，龛外分别塑造了形态各异的救火梵志和魔军（图35-7、图35-8）。这一雕刻内容依旧沿袭了第6窟，只是

图35-3
第35窟南壁

图35-4
第35窟明窗东壁
摩醯首罗天

图35-5
第35窟明窗西壁
鸠摩罗天

图35-6
第35窟西壁盝形
龛楣右上隅"逾
城出家"

位置不同罢了。因雕刻的时间、地点不同，虽然画面布局、人物形象等基本一致，但还是有变化，主要表现在两处：一是"降伏火龙"龛周围群山中出现了各种野兽，似为猴、虎、狐、狼、豹等，这在第6窟是没有的；二是"降魔成道"龛下层两侧的人物形象保存较好，完整地展现了故事情节内容，弥补了第6窟

因风化造成的人物形象残缺，特别是龛左侧魔子劝阻魔王的画面（图35-9），刻画特别生动。

作为有计划开凿的晚期洞窟，第35窟四壁均雕刻有面向洞窟主像的供养人行列，其中南壁西侧和西壁南侧的供养人列像保存较好，人物上方的弧形帷幕和供养人的着装都表明，这些供养者是北魏平城的贵族。此处保存较好的供养人均为着裙装的女

图35-7
第35窟南壁窟门东侧"降伏火龙"龛楣的众救火梵志

图35-8
第35窟南壁窟门西侧"降魔成道"龛楣的众魔军

性,也符合云冈石窟供养人"男左女右"配置的规范。

除主洞外,附属洞窟第35-1窟西壁下层的雕刻也颇有特色。方形帷幕龛中的坐佛像长颈削肩,面貌清秀,大衣下摆折叠垂于方座之上。龛外上为文殊菩萨和维摩诘居士在谈经论道,下为八身供养人像分站两侧。龛下雕刻二象以鼻承托博山炉(图35-10),左右各雕刻张口怒吼的雄狮和蹲姿托举的力士。

图35-9
第35窟南壁西侧"降魔成道"龛左侧魔子劝阻魔王

图35-10
第35-1窟二象托起博山炉

第36窟　窟小顶高形制奇　上下龛像最适宜

第36窟为上置明窗下开窟门的单窟室。洞窟面积不大却有较高的窟顶，壁面纵向面积较大，北壁与东西两壁均上下两层开龛造像（图36-1）。北壁上为交脚菩萨盝形龛，下为坐佛圆拱龛。东西两壁龛像对称，上为圆拱龛，内置坐佛；下为盝形帷幕龛，西壁龛内雕倚坐佛，东壁龛内造像（交脚菩萨）被盗（图36-2、图36-3）。南壁窟门两侧皆开龛造像，明窗与窟门间雕刻五尊立佛像（图36-4），表达的是五方佛的佛教思想，在云冈石窟中只此一处。

五方佛，又称"五智佛""五方如来""五智如来"，分别是中央毗卢遮那佛、东方阿閦佛、西方阿弥陀佛、南方宝生佛、北方不空成就佛。

第36窟也是一个以弥勒信仰为主题的洞窟，不仅在北壁上方雕刻了交脚菩萨、思惟菩萨和胁侍菩萨，东西两壁也出现了交脚像和倚坐像。第36-3窟的壁面上还出现了两尊跷脚自在坐的菩萨像（图36-5），表现的应是弥勒降世前的形象。

第36-2窟（图36-6）位于主洞东侧，平面呈长方形，为无明窗单室窟。此窟呈南北走向，宽1.24米，进深0.56米，高约1.5

图36-1　第36窟北壁
图36-2　第36窟西壁
图36-3　第36窟东壁

米。北壁上层为千佛像，中心位置雕交脚菩萨，其左右两侧各设置两层佛像，上层为倚坐佛像，下层是胁侍菩萨。北壁中层为七佛立像，这亦是一个以弥勒信仰为主题的三世佛布局，同时也是云冈石窟唯一将七佛立像置于正壁的洞窟，是晚期洞窟造像多样化的表现之一。北壁下层中间置造像碑记，两侧为供养人像。左侧的供养人像处，雕刻了侍者为主人撑伞盖的画面。在云冈石窟，供养人列像多出现在龛前下方，只有不多的晚期造像才出现在铭记两侧（如第11-16窟等）。东、西、南壁均为千佛像。顶部平棋格内雕刻演奏横笛、箫、埙、排箫、腰鼓等乐器的飞天乐伎，

图 36-4
第 36 窟南壁明窗与窟门间的造像

图 36-5
第 36-3 窟壁面上二踣脚自在坐弥勒菩萨

图 36-6
第 36-2 窟

是云冈晚期洞窟飞天乐伎雕像中的上乘之作。

特别值得一提的是,在第 36-3 窟西壁保存了一幅文殊菩萨与维摩诘坐于一龛的画面,为"文殊问疾"故事图像。维摩诘像保存完整:他手摇麈尾,身披大氅,坐姿优雅端庄,神态从容自若,一位满腹经纶的般若大师跃然眼前。

第37窟 天宫飞象送太子 城门内外有大事

第37窟为上置明窗、下开窟门的方形洞窟。窟门东西两壁开龛造像，明窗东西两侧各雕金刚，这是云冈石窟晚期造像变化多样的又一例证。

北壁（图37-1）主像为交脚菩萨盝形帷幕龛，龛内两侧有弟子像，龛外两侧为胁侍菩萨，窟楣西侧残存"佛陀涅槃"佛传故事画面。东西两壁各雕坐佛圆拱龛，东壁圆拱龛楣左右上隅分别雕"乘象投胎"与"太子沐浴"。西壁（图37-2）圆拱龛楣左右上隅分别为"太子掷象"与"太子射艺"。南壁（图37-3）明窗两侧各雕二列坐佛，明窗与窟门中间为二佛并坐圆拱龛，两侧雕"文殊问疾"和二菩萨对坐。窟门两侧雕立佛像。窟顶为九格平棋，雕团莲

图37-1
第37窟北壁

图37-2
第37窟西壁

与飞天。

第37窟虽然是云冈石窟晚期常见的以弥勒为主像的洞窟，但其中雕这么多佛传故事，这在晚期洞窟中显得尤为突出。首先是东壁坐佛像圆拱龛，虽然风化严重，但大龛下方残留的鹿形表明，这是佛陀"鹿野苑初次说法"的故事画面。上方龛楣左右两上隅分别是"乘象投胎"（图37-4）与"太子沐浴"（图37-5）。西壁圆拱龛楣两侧分别雕刻"太子掷象"与"太子射艺"（图37-6）。由此可见，佛陀的成长故事是这一窟的主题。

"乘象投胎"雕刻中，摩耶夫人侧卧于榻上，榻下手持各种乐器的乐伎头歪斜着，似进入昏昏欲睡状态。画面左上角着菩萨装的人抱着有舟形身光的小儿骑在大象背上，向摩耶夫人飞奔而来。

图37-3
第37窟南壁

图37-4
第37窟东壁圆拱龛楣左上隅"乘象投胎"

图37-5
第37窟东壁圆拱龛楣右上隅"太子沐浴"

《过去现在因果经》在表达"太子射艺"和"太子掷象"时，是以故事中穿插故事的描写方式叙述的。在云冈石窟，最能与这一段经文描写相吻合的雕刻画面，就是第37窟西壁圆拱龛楣两上隅的"太子掷象"和"太子射艺"了。"太子射艺"画面风化严重，只可见一人、弓箭和鼓。"太子掷象"中亦有三个人物，即太子、提婆达多和难陀，南侧一人因拱楣遮挡，只雕刻出半个身子，其左手弯曲抚摸左胸，右手臂向前伸出，臂上托象（手臂前端和大象前半身风化坍塌）。根据其"手搏一象"的动作，其应为提婆达多。北侧一人占据了龛楣上端最大空间，因而雕出全身，他双腿分开，两手抓住象的鼻子，使大象身体悬空，此人应为难陀。中间一人风化严重，但可以辨认其以双手托象，根据经中"以手执象……还以手接"的描述，他应是太子。

西壁风化较为严重的坐佛像圆拱龛下部右侧，还残存了一幅雕刻有三匹骆驼的画面（图37-7），此应为佛经故事"商人奉食"。画面中的三匹骆驼及商人，面向佛陀依次排开，这与出现在第12窟后室南壁东侧坐佛像右侧的图像如出一辙，只是这里的骆驼形象保存得更好。

图 37-6
第37窟西壁圆拱龛楣

图 37-7
第37窟西壁坐佛像龛右侧"商人奉食"

第38窟 鹫怖阿难佛陀抚 天降神律音乐树

图38-1 第38窟外貌

第38窟东侧崖壁向南延伸，与窟门呈直角，洞窟距地面约1.9米。窟门呈不规则的长方形，两侧各雕金刚像，惜已风化（图38-1）。门楣上方镌刻《吴氏忠伟为亡息将军华□侯吴天恩造像并窟》300余字凿窟铭记。此窟平面为长方形，宽1.98米，进深1.45米，高1.82米，窟内地面低于窟门门槛约0.3米。洞窟设计严谨，雕刻精细，内容丰富，是云冈石窟晚期洞窟中的精品。可惜因后山渗水，洞窟中的造像风化严重，北壁和窟顶尤甚。

北壁主像为二佛并坐圆拱龛（图38-2）。东壁中央刻两层龛像，上为交脚菩萨盝形龛，下为坐佛像圆拱龛（图38-3）。西壁为倚坐佛像盝形龛（图38-4）。南壁窟门两侧纵列佛经故事画面（图38-5）。窟顶平棋格中雕刻有莲花、天人、化生、乐伎（图38-6）。

第38窟是云冈石窟晚期洞窟中雕刻佛经故事较多的洞窟之一。各壁面在主要佛龛周围，雕刻了12幅佛教故事："乘象投胎"（北壁下层东侧）、"逾城出家"（北壁下层西侧）、"佛陀涅槃"（北壁佛龛东侧）、"罗睺罗因缘"两幅（北壁佛龛西侧和东壁南侧上层）、"定光佛授记"（东壁南侧二层）、"降伏火龙"（南壁窟门东侧上层）、"化现三道宝阶"（南壁窟门东侧中层）、"雕鹫怖阿难入定"（南壁窟门东侧下层）、"降魔成道"（南壁西侧上层）、"初转法轮"（南壁西侧中层）、"弥勒菩萨兜率天

图 38-2
第 38 窟北壁

图 38-3
第 38 窟东壁

图 38-4
第 38 窟西壁

图 38-5
第 38 窟南壁

图 38-6
第 38 窟顶部

宫说法"（南壁西侧下层）。

如此多的佛教故事画面出现在一个洞窟中，在整个云冈石窟中并不多见。尤其南壁窟门东侧雕刻的"化现三道宝阶"和"雕鹫怖阿难入定"，是云冈石窟首次出现的佛教故事画面（图 38-7）。

"化现三道宝阶"，亦即"忉利天为母说法"，为佛教因缘故事。在第 38 窟南壁窟门东侧中段，由左到右雕刻了盝形门楣、交脚坐于斜向的三道台阶上端的一人和台阶楣外数名侍者。这是表现佛陀上忉利天为母亲摩耶夫人说法后，沿帝释为他变化出的三道宝阶回到人间的故事，因而亦称"三道宝阶"。这个故事通过摩耶夫人乳汁入佛陀口，在宣传佛教因果观的同时，颂扬了人间母子之情。

第38窟南壁窟门东侧所雕画面,表现的是佛到忉利天为母说法故事的后半部分,即为母说法后"将欲还下"。印度早期佛教艺术中即有"佛自忉利天下凡"的雕刻。可见,此故事是佛教艺术最早表现的内容之一。

雕刻在第38窟的"三道宝阶",由于壁面面积有限,不可能按经文所讲,中央阶者用阎浮檀金,左用琉璃右用玛瑙,又有"梵天执盖""四天王侍立"的隆重场面,但以另一种形式予以表现:空着的盝形龛,象征佛陀已离开忉利天;

图38-7
第38窟南壁窟门东侧

画面中心雕刻的人物交脚坐于台阶上端，意味着佛陀欲沿宝阶而下；以小方格装饰台阶，表示宝阶的华丽；宝阶上方雕刻的人物，是在场的诸天、乐伎、侍从或护卫。

"雕鹫怖阿难入定"，又名"雕鹫怖阿难因缘"，是佛陀以神力保护弟子阿难不被魔王侵犯的故事，在《法显传》和《大唐西域记》中都有记载。《大唐西域记》卷第九《摩揭陀国·鹫峰山》中记载道："精舍南山崖侧有大石室，如来在昔于此入定。佛石室西北石室，前有大磐石，阿难为魔怖处也。尊者阿难于此入定，魔王化作雕鸟，于黑月夜分据其大石，奋翼惊鸣以怖尊者。尊者是时惊惧无措，如来鉴见伸手安慰，通过石壁摩阿难顶，以大慈言而告之曰：'魔所变化，宜无怖惧。'阿难蒙慰，身心安乐。"

第38窟南壁窟门东侧雕刻了这个故事：佛陀和弟子阿难位于两个大小不一的并列佛像龛中，佛陀着褒衣博带，伸右手至小龛抚摸阿难头顶。两龛上方雕刻了层叠山峦，一只身体巨大、双翅张开的大鸟由天而降，用嘴咬住阿难所在的龛顶——这是魔王波旬化为的"雕鸟"，以恐怖搅扰阿难入定坐禅。此时，佛陀"伸手安慰，通过石壁，摩阿难顶"。

"化现三道宝阶"和"雕鹫怖阿难入定"两则故事出现于此，与洞窟的特殊作用有关。外壁门楣上方镌刻的"吴天恩造像"凿窟铭记说明，这是"吴氏忠伟"为殉国的儿子吴天恩所开的洞窟，其中的雕刻是亲人为亡者建的祈福造像，不是供人们瞻仰礼拜的——这一点，从第38窟距地面较高（约1.9米），人们不易进入亦可得到证实。窟内丰富的佛教题材内容和橦倒乐神、音乐树等雕刻，是祈愿亡者"长辞苦海，腾神净土"；"化现三道宝阶"和"雕鹫怖阿难入定"，是父亲借佛经故事之意表达精神寄托与安慰。

第38窟北壁下层雕刻的"缘橦杂技"和东、西两壁下层雕刻的音乐树，是云冈石窟独有的艺术造像。目前，北壁上的"缘橦杂技"图像仅存西侧的一幅：一人顶竿，一人缘竿爬至竿中间，一人在竿顶仰卧，旁边有以横笛、胡笳、排箫、阮咸、箫、腰鼓等乐器为其伴奏的乐伎（图38-8）。东西两壁各雕两株音乐树。隐约可分辨出东壁的树枝为波浪形（图38-9、图38-10）；西壁的树枝以直线刻就（图38-11、图38-12），各层树枝弯曲处，雕刻演奏不同乐器的乐伎，可辨别的乐器有阮咸、箜篌、筝、筚篥、排箫、横笛、胡笳、笙、腰鼓、海螺、担鼓、羯鼓等。这种在树枝、树杈上雕刻化生乐伎演奏乐曲的图像，是将"微风吹树叶，而出音乐之声也"的想象具体化的体现。

第38窟窟顶的雕刻也十分精彩。虽然窟顶面积只有三平方米左右，但窟顶上的雕刻不仅是晚期洞窟中最精美的，也是云冈石窟窟顶艺术表现较为突出的一例。方格平棋中央刻莲花，化生童子从八个莲叶中现出，围绕四身骑神兽的"诸天仆乘"；外围东侧为乘孔雀、托日月的天人，西侧为乘象的天人。四周十个平棋格内雕刻20身飞天乐伎，

图38-8
第38窟北壁下层"缘橦杂技"

图38-9
第38窟东壁龛下右侧的供养人和音乐树

图38-10
第38窟东壁龛下左侧的供养人和音乐树

图38-11
第38窟西壁龛下右侧的供养人和音乐树

图38-12
第38窟西壁龛下左侧的供养人和音乐树

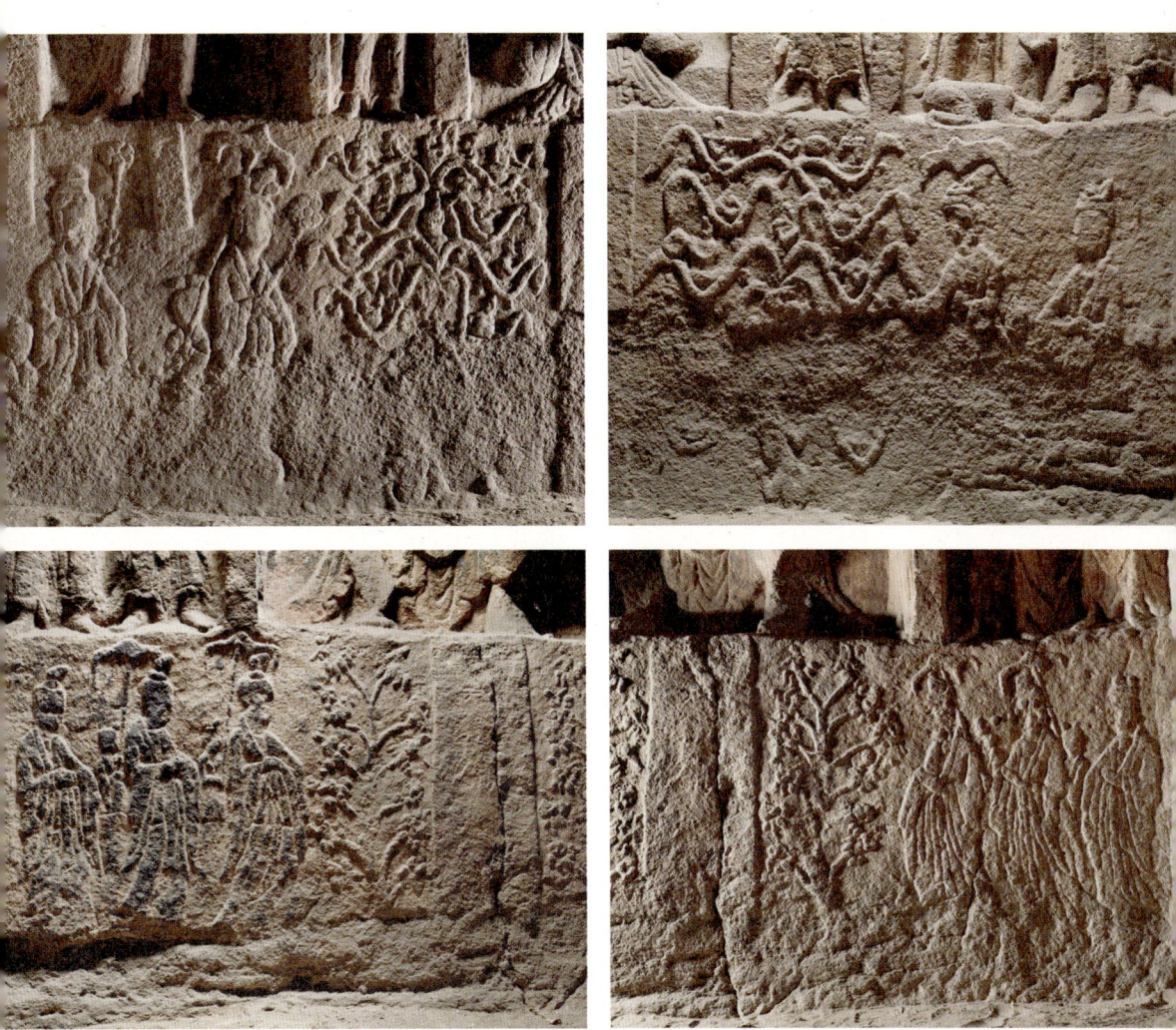

演奏的乐器为琵琶、排箫、筚篥、钹、胡笳、五弦、笙、筝、箜篌、羯鼓、担鼓、琴、腰鼓、横笛等。

第39窟

西方浮屠颂涅槃　中华阁楼载华阑

第39窟（图39-1）窟门下宽上窄，门楣雕刻忍冬纹，窟门两侧各雕立姿金刚（东侧风化，西侧早年坍塌，金刚无存，墙壁为近年修复）。此窟是一门双明窗的洞窟，窟门上侧雕一坐佛龛，两侧分别开辟明窗。

窟内中央为中心塔柱（图39-2），是为"塔庙窟"。平面呈方形的中心塔柱高约6米，基座南面宽2.77米。塔身为五层，各层上雕瓦垄顶，檐下置一斗三升人字拱。各层四面以圆拱龛或圆拱龛和盝形龛间隔的形式布置五个龛，龛内造像不同，不仅具有三世佛意义，设计也很新颖。以南面各层龛像为例：由下至上第一层的五龛均为圆拱龛，中间为二佛并坐，两侧分别为倚坐佛和坐

佛像。第二层中间雕坐佛像圆拱龛，两侧为交脚像盝形龛和倚坐像圆拱龛。第三层中间雕交脚菩萨盝形龛，两侧有倚坐佛圆拱龛和交脚菩萨盝形龛。第四层和第五层均为坐佛像圆拱龛。塔顶雕须弥山与窟顶相连。中心塔柱在20世纪70年代曾进行过修复，是云冈石窟最典型的一座传统阁楼式圆雕塔，也是人们了解北魏木结构佛塔样式不可多得的重要参考资料。

中心塔柱南面第一、二、三层的15个龛像中，只雕刻了一个二佛并坐龛和三个坐佛像龛，其余11个龛内均为交脚菩萨、倚坐佛，均是弥勒的形象。塔柱另外三面的造像，除交脚像和倚坐像外，又雕了内置思惟菩萨的龛式。洞窟西侧明窗东壁上还出现了一个跷脚自在坐弥勒菩萨盝形龛（图39-3），由此进一步印证了北魏弥勒信仰的盛行。

第39窟东、西、北三壁俱为满雕，西壁中央开一小型坐佛像盝形龛（图39-4）。

图39-1
第39窟外壁窟龛

图39-2
第39窟中心塔柱

图39-3
第39窟西侧明窗东壁跷脚自在坐菩萨龛

南壁中央开窟门，上部两侧各开明窗，使得窟内非常明亮（图39-5）。窟门两侧各为四层佛像龛，有二佛并坐圆拱龛、坐佛盝形龛、坐佛圆拱龛、交脚菩萨盝形龛、千佛龛等（图39-6），其中也不乏宣扬大乘佛法的故事图，如"文殊问疾"，人物造像具有云冈石窟晚期大裾宽衣和神态潇洒的特点。

窟门东西两壁虽然龛像数量多，但因是无计划开凿而显得布局凌乱。值得一提的是位于西壁上方的一个方形龛。这个龛深度较大，与其说是龛，不如说是窟。它的正壁为高浮雕坐佛像，两侧壁均置胁侍菩萨和立佛像。坐佛像残缺不全，头部被凿，右手残断，但身体比例协调，坐姿挺拔，褒衣博带，服饰的层次分明，雕刻非常细腻；佛像右侧的胁侍菩萨与立佛像也雕刻得十分生动细致。

立佛像为佛本生故事"阿输迦施土缘"中的佛陀，画面中的三个小儿处在佛与菩萨之间较小的空间内，看起来像是两个大人带着几个小孩。

洞窟顶部平棋分格，格内雕刻龙形和护法像，东西两侧各存一身穿犊鼻裤的阿修罗像，阿修罗身体强壮，具三头四臂，手托日月，应是仿照云冈石窟早期雕刻风格雕凿而成。

图 39-4
第 39 窟西壁
千佛像

图 39-5
第 39 窟南壁上层

图 39-6
第 39 窟南壁

第40窟

佛陀不畏崖壁残 交脚菩萨磐石般

第40窟平面呈方形，为无明窗的单室窟，高约5.1米。西壁和南壁坍塌，窟顶平棋风化严重，只有东壁和北壁可见龛像。北壁主像为坐佛像圆拱龛，龛楣内雕坐佛列像，上沿饰璎珞，龛外存立佛像、供养天人和千佛等。东壁为交脚菩萨盝形龛（图40-1）。根据其他晚期洞窟的雕刻内容推测，西壁或许是倚坐佛像龛，与东壁的交脚菩萨像对称，表达的是弥勒信仰。

图 40-1
第40窟东壁交脚菩萨盝形龛

图 40-2
第40-1窟北壁二佛并坐圆拱龛

第40-1窟北壁雕刻二佛并坐圆拱龛（图40-2）。虽然窟内雕刻均有不同程度的风化，但仍可分辨出二佛像及龛两侧的供养菩萨、楣面上的千佛像、最上层的弧形帷幕、龛下的众供养人。窟顶的八格平棋及格内飞天也较为完整。此窟在造像、装饰方面所体现出的云冈石窟晚期特征十分明显。

第40-2窟内正壁端坐一尊没有完成的坐佛像，只雕刻了服装的衣纹，头部和双腿衣纹尚为粗坯，无细部刻画，仅呈现出坐佛像的整体轮廓。这种雕刻没有完成就被废弃的洞窟多为晚期作品，或与北魏孝文帝迁都洛阳后，平城的逐渐衰落有关。

第41窟 佛陀事迹分层布方龛帷幕挂流苏

第41窟是一个进深较大的平面呈正方形的洞窟（图41-1）。正壁置帐式龛，龛内雕一主像二胁侍，均是未完成的高浮雕作品，主像身上还残存部分泥皮（图41-2），显然是后世包泥重塑的痕迹。两侧的立姿胁侍菩萨，虽然身躯、服装雕刻完成，但头部均是没有完成的粗胚（图41-3）。

与龛内造像不同，帐式龛是雕刻完整的作品。龛上方有弧形帷幕、三角帷幔，上雕垂鳞纹，弧形帷幕悬挂流苏，幕布由上沿向两侧自然垂下。这些雕刻均有一定程度的风化，但整体形象清晰，给人以华丽之感。

图 41-1
第 41 窟帐式龛

图 41-2
第 41 窟北壁龛内主像

图 41-3
第 41 窟北壁龛内右胁侍菩萨

要特别介绍的是龛外左右两侧残存的佛传故事雕刻（图 41-4、图 41-5）。龛外右侧有三排雕刻。由下至上第一排隐约可辨左侧为一身坐姿菩萨，右侧雕有两身供养天人像，故事内容不详。第二排的画面是舟形背光的佛陀立于莲花上，其左侧一身合掌供养人，右侧六人均立于莲花上，描述的应为佛传故事"莲花七步"。第三排的画面是大树下有一名妇人左手攀树枝，手臂下跪一双手呈捧接状的人物；中间站立一双手抱有舟形背光小儿的人物，左侧一身菩萨倚坐于方座上，右手前伸接小儿，描述的应为佛传故事"腋下诞生"。龛外左侧由下至上有四排雕刻，第一排画面不存。第二排雕刻画面上有着菩萨装束的人骑马，四身飞天捧马足，背后隐约可见手持华盖的侍者，描述的应是佛传故事"逾城出家"。第三排的雕刻画面中，思惟菩萨的前方有一匹吻菩萨右足的马，描述的应是佛传故事

"白马吻足",画面左侧雕一尊禅定佛。第四排中间雕说法佛像,两侧隐约可见倚坐像,描述的应为"梵天劝请说法"故事。

图 41-4
第 41 窟帐式龛外右侧佛传故事

图 41-5
第 41 窟帐式龛外左侧佛传故事

第42窟 二佛无畏震宇寰 窟残像微形多舛

第42窟平面为长方形，为无明窗单室窟，呈南北方向，宽约2.2米，进深约1.7米，高约1.9米。洞窟风化严重，依稀可见北壁二坐佛，东壁龛内交脚菩萨及胁侍菩萨（图42-1），南壁的少许千佛龛，以及窟顶莲花与飞天。巧合的是，在附属洞窟第42-2窟西壁也雕刻有交脚菩萨盝形龛（图42-2），并且在其左侧亦可见到有舒相坐的思惟菩萨。这种交脚菩萨与二佛并坐组合构成的三世佛布局，在云冈石窟很多洞窟可以见到。

此外，在同样风化严重的第42-2窟、第42-3窟、第42-4窟、第42-5窟等洞窟，均将二佛并坐作为主像置于北壁。

图42-1
第42窟北壁和东壁

图42-2
第42-2窟西壁交脚菩萨盝形龛

第43窟 洞窟风化难分辨 佛陀菩萨隐约现

第43窟平面呈长方形，为无明窗单室窟，宽约3.3米，进深约2.6米，高约2.5米。洞窟造像风化严重，依稀可见北壁的一佛二菩萨、东壁的菩萨（图43-1）和西壁的坐佛及其胁侍菩萨。南壁中央开窟门，西侧有立佛像和少许千佛像。

其附属洞窟第43-1窟和第43-2窟均是风化非常严重的小洞窟，其中的造像几乎难以分辨。仅有第43-1窟东壁和第43-2窟北壁的二佛并坐形象尚可看清轮廓。

图43-1
第43窟东壁

第44窟 石像漫漶龛难辨 慈善墨书抒己见

第44窟平面呈长方形，为无明窗单室窟，宽约1.3米，进深1.25米，高约1.6米。洞窟风化严重，依稀可见北壁似三间式盝形龛（图44-1），明间和两梢间的造像分别为坐佛像及交脚菩萨。东壁北侧可辨胁侍菩萨轮廓（图44-2），西壁可辨坐佛龛及其北侧胁侍菩萨轮廓。南壁方形窟门西侧残存有坐佛像，门口上方雕刻一排千佛像列龛。窟顶为雕刻未完成的团莲。

北壁盝形龛明间佛像头部两侧分别有墨书"慈""善"，佛像胸部亦有"堂"字，这或许是近代信仰佛教的民众所书。也许这里曾是贫穷百姓借住之地，以此举来寄托他们对幸福生活的向往。

图44-1 第44窟北壁

图44-2 第44窟东壁

第45窟
末端云冈窟龛寥 二佛并坐不能少

第45窟是云冈石窟最西端的洞窟。平面呈正方形,为无明窗单室窟,高约1米。顺山体走向,洞窟面向东南方(图45-1)。窟内正壁残存二佛并坐像,其余三壁均无雕刻。窟顶存一风化较严重的团莲。

在云冈石窟,从最东端的第1、2窟,到最西端的第45窟,每窟都有二佛并坐像,无论是作为主像置于正壁,还是雕刻在其他壁面,这一题材始终是云冈石窟核心雕刻内容之一。

图 45-1
第 45 窟窟口

附属景观
——古今联袂颂云冈

　　自古以来，云冈石窟不仅是佛教信仰者的拜谒圣地，也是世界各地的人们欣赏雕刻艺术的最高殿堂之一。窟前、山顶的考古发掘表明，在石窟开凿之始的北魏时期，这里除洞窟之外还有大量的附属建筑。"山堂水殿、烟寺相望"，便是古人对北魏时期云冈石窟及其附属建筑的生动描述。无论历史文献，还是考古成果都表明，凡时代和谐、社会稳定之时，云冈石窟必有附属建筑的建设。从北魏时期窟前的窟檐和山顶的寺院建筑，到唐代"守臣"重建，辽代通乐、灵岩、兜率等十大名寺，金代"改拨河道""重修灵岩大阁九楹"，明清时期的洞窟外崖壁题铭、窟檐寺院建设，再到今天的云冈石窟大景区建设，无不体现了云冈石窟艺术的强大吸引力。

　　在欣赏石窟艺术的同时，通过观赏了解现存古代附属建筑和现代附属景观，我们能够更加准确地体会云冈石窟的历史地位、社会价值及其对各时代文化产生的巨大影响力。

一、古代云冈石窟附属设施遗迹

（一）观音堂

　　观音堂位于大同城西7.5千米处（图1）。清代乾隆《大同府志·祠祀》记载："观音堂，府城西十五里佛字湾，辽重熙六年（1037）建。明宣德三年（1428）修，万历三十五年（1607）重修……国朝顺治六年（1649）姜瓖变焚毁，八年（1651）总督佟养量重建。"再根据现观音堂大殿内所存辽代石质圆雕观音像及其附近散布的许多辽代沟纹砖推测，观音堂始建于辽代，是当时西京大同府大规模建设、修整佛教寺院的工程之一。

　　观音堂内的观音石像及其他石雕，均是国内少见的艺术珍品。高达5.23米的观音像面部丰润，神态安详（图2）；两胁侍菩萨像神情宁静，怡然自得；左右八大明王（护法神）像身姿强健，面貌凶悍。

将观音菩萨与八大明王置于同一殿内，有着特定的宗教和历史意义。据该寺明万历三十五年（1607）碑文记载："云中城西越十五里之遥，有观音古刹。流传原地名蛤蟆湾，怪物扰害其间，民居不宁，道路阻塞。金重熙六年又九日忽大士现丈八金身，偕左右菩萨明王，从秦万佛洞飞行水门山头，从此妖魔降灭，当地父老乃修此堂并塑观音丈六金身及四大菩萨、十大明王以祀之。"

（二）北魏河坝遗址

在1992年至1993年云冈石窟的考古发掘中，考古人员于第14窟至第20窟前向南约25米处发现一条东西向的石坝，石坝长约120米，坝体内用碎石填充，与河床走向相同（图3），为北魏时期遗迹。石坝正对第20窟大佛处，有一条宽约4.1米的南北向坡道。坡道北高南低，与东西向的石坝构成"T"形。这处北魏河坝遗迹的

图1
观音堂外景

图2
石雕观音像

图3
北魏河坝遗址

发现，印证了"依山傍水"是古代开凿石窟的基本条件，亦证实了金代天会九年（1131）元帅府改拨河道之前十里河的准确位置。考古工作结束后，云冈石窟保护管理机构用玻璃罩将北魏河坝遗迹罩起来，游人可隔罩观看。

（三）石窟寺

石窟寺是清代所建第5、6窟前的寺院，又名"石佛寺"（图4）。立于清代顺治八年（1651）的《重修云冈大石佛寺阁碑记》记载："云冈，去大同数武……而冈之巅，镂金粟如来影……因象教而众生心始肃然……此予集材鸠工，重修杰阁，并出山妙相……"可以推测，第5、6窟，也可能包括第7、8窟的木结构窟檐早在明朝便已修建。此后，包括第5、6窟木结构窟檐在内的所有周围寺院建设和维修便一直没有停止过。

关于现存第5、6窟前和第7、8窟前室的木结构阁楼，《重修云冈大石佛寺阁碑记》称之为"重修杰阁"；康熙三十七年（1698）《重修云冈寺记》记载："皇上行幸云冈寺，已蒙御书匾额，悬挂本

图4
第5、6窟前院

图5
古戏台

院。曾与各官面商，捐俸修饰庙宇，庄严佛像……"

康熙御书的"庄严法相"四字匾额，曾悬于第6窟窟门上方。置于第5窟阁楼内的《重修云冈寺记》曰："皇上行幸云冈寺，已蒙御书匾额，悬挂本院。"由此可知，康熙皇帝于康熙三十六年（1697）"行幸云冈寺"，并书"庄严法相"四字。白志谦《大同云冈石窟寺记》第二章《石窟寺之现状》写道："（第6窟）洞口正中，悬雕龙横额为'庄严法相'四字，中印康熙御笔之宝，朱泥极鲜，四周镶以宫锦，系康熙三十六年圣祖西征厄鲁特噶尔丹回銮过大同，于十二月十一日幸云冈时手书之真迹。"该匾额在"文革"期间被拆毁烧掉。

（四）古戏台

古戏台位于原云冈石窟广场，与第5、6窟前石窟古寺山门相对（图5），为东、西、北三面观戏台。戏台口坐南向北，古朴典雅。屋顶为元宝形歇山顶，后作硬山顶，中部建木隔扇将戏台分为前后两部分，后台化装，前台表演。前后台之间有一木质隔扇板，面向前台一面双钩雕刻"蛇盘兔"式"福"字，寓意接福纳祥。此戏台是石窟古寺建筑群的组成部分之一，建成于清代顺治八年（1651）。

二、云冈石窟博物馆

云冈石窟博物馆坐落于云冈石窟景区西部。博物馆设四个展厅，以绘画和声光电的形式展示石雕、建筑构件和各种出土文物，把云冈石窟的历史展现在游客面前。博物馆的不少展品出土于云冈石窟洞窟前及石窟群所在的武州山顶上，具有很高的历史价值和艺术价值。

（一）昙媚造像碑

此碑 1956 年 11 月出土于第 20 窟露天大佛前，碑文末落款为"景明四年四月六日比丘尼昙媚造"。碑体为灰色细砂岩，高约 30 厘米，宽约 28 厘米（图6）。这是云冈石窟目前为止发现的唯一一块离开石雕壁面的北魏时期石碑。此碑与其他铭记碑的不同之处有两点：一是虽然其材质属于云冈石窟石质体系，但它不是从洞窟内或洞窟外的壁面上自然分离的，而是人为凿成的，可以安放在洞窟外的任何地方；二是铭记内容不同于普通的为亡者或亲人造像的发愿文，而是雕于一位法名昙媚的比丘尼所立的碑上，是颂扬佛教功德，倡导佛教徒开窟造像的"感召"文书。

图 6
昙媚造像碑

图 7
石窟雕刻版

（二）石窟开凿雕刻板

此雕刻板出土于云冈石窟群所在的武州山顶北魏寺院遗址。长方形的石雕板中心是一个圆拱形洞窟门，门楣上已雕出忍冬纹装饰图案（图7）。石雕板中有三个人物，门楣左上隅和窟门

两侧各有一人物形象：门楣左上隅的半身人物头戴进贤帽，面向窟门，双手置前，右手托举仰月；窟门上方匍匐一似老鼠的动物；窟门左侧的人物，胡跪于狮子身上，手执前端放有食物的长柄工具伸向窟门中央，好像在给似老鼠的动物喂食；窟门右侧一人穿小袄、短裤，手执鼓槌状工具分腿站立。此外，窟门下部雕刻了一只鸟，窟门外右侧上、下部还各雕刻了一只尾巴上卷的像狗一样的动物。雕刻板上方中央有小孔，以备吊挂。

显然，这是一方悬挂于墙壁上的纪念物。雕刻板的主人可能是一位北魏的云冈石窟雕刻者，作为工匠，他深深地热爱着自己的事业；作为佛教信仰者，他相信自己的雕刻供养行为能修得来世之福。他将自己在武州山石窟寺的工作和日常生活雕在一块刻板上，无论是手托仰月、地位高贵的人，还是向动物投食和手持工具的普通人，均是佛法的供养者。图像以浅浮雕的形式，通过展现人物、动物及工作场景，较详细地述说了一个关于洞窟开凿过程的故事。云冈石窟艺术创造者的智慧、勤奋于此可见一斑。

（三）北魏石雕菩萨立像

此像于1981年在大同晋华宫马武山出土，是目前出土的北魏石雕中最完整的一件高浮雕菩萨像（图8）。菩萨宝冠高耸，五官秀丽端庄，双耳垂肩，衣饰贴体，上身斜披络腋（阴刻线），下

身着羊肠大裙。左臂自然下垂,手握如意,右臂弯曲至胸,手握供养物,两臂上的飘带流畅。遗憾的是圆形头光右侧有破损。

此菩萨立像与云冈石窟中期造像的整体风格一致。

(四)北魏供养菩萨像

该菩萨像具高发髻,溜肩,着浅浮雕十字帔帛,羊肠大裙下摆明显,双肘挎飘带,双手捧物于胸做供养状(图9)。菩萨左手侧面残存的圆拱龛楣尾,应是从圆拱龛右侧塌落分离的残损部分。据此推测,此菩萨像应为云冈石窟某洞窟壁面圆拱龛的一部分,属云冈石窟晚期雕刻。

(五)北魏菩萨头像

此像于1993年在云冈石窟群所在的武州山顶东台出土。菩萨莲花宝冠高耸,面貌清秀,眉眼以阴刻线雕就,嘴角微微上翘,双耳厚实垂肩(图10),属云冈石窟晚期作品。

(六)北魏弟子头像(1)

此像于1991年在云冈石窟第20窟前出土。弟子头像五官端正,慈眉善目,笑容可掬。这件圆雕弟子头像,刻画了一位佛家智者的形象(图11),是云冈石窟雕刻成熟时期的精美作品。

图 8
出土菩萨像

图 9
供养菩萨像

图 10
北魏菩萨头像

图 11
北魏弟子头像（1）

图 12
北魏弟子头像（2）

无论是造像风格，还是出土地点都表明，这件弟子头像属于云冈石窟早期作品。

（七）北魏弟子头像（2）

此像于 1993 年在云冈石窟群所在的武州山顶东台出土。雕像面部端正丰满，双眉弯曲上扬，眼睛狭长，嘴角微微上翘，发际线清晰流畅（图 12）。佛经里说弟子是佛道中之最下根者，因此在塑造弟子像时，往往可以抛开塑造佛菩萨像的种种规范束缚，打造自然淳朴的人物形象。

图书在版编目（CIP）数据

博览云冈 / 王恒, 张海雁著. -- 青岛：青岛出版社, 2021.4
ISBN 978-7-5552-8571-7

Ⅰ.①博… Ⅱ.①王…②张… Ⅲ.①云冈石窟—介绍
Ⅳ.①K879.22

中国版本图书馆CIP数据核字（2020）第250917号

书　　名	博览云冈
作　　者	王　恒　张海雁
摄　　影	张海雁
出版发行	青岛出版社
社　　址	青岛市海尔路182号（266061）
网　　址	http://www.qdpub.com
邮购电话	（0532）68068091
策划编辑	申　尧
责任编辑	张凯歌
助理编辑	李文艳　张伸宇
责任校对	齐瑞杰　时　雨　解盛杰
装帧设计	乔　峰
制　　版	天津图文方嘉印刷有限公司
印　　制	天津图文方嘉印刷有限公司
出版日期	2021年4月第1版　2021年4月第1次印刷
开　　本	16开（720mm×1000mm）
印　　张	17
字　　数	210千
书　　号	ISBN 978-7-5552-8571-7
定　　价	98.00元

编校印装质量、盗版监督服务电话 4006532017　（0532）68068050